천국을 보여주는 가정 !
이동원

천국은 우리집 같아요

저의 "가정"강의가 한 권의 책이 되도록
수고하신 엄정희 교수님에게 감사드리며,
저의 평생의 반려자인
우명자 사모에게 이 책을 헌정합니다.

작은 목동, 이동원 목사

그 말씀 따라 지어가는 가정 설계

천국은 우리 집 같아요

이동원 지음

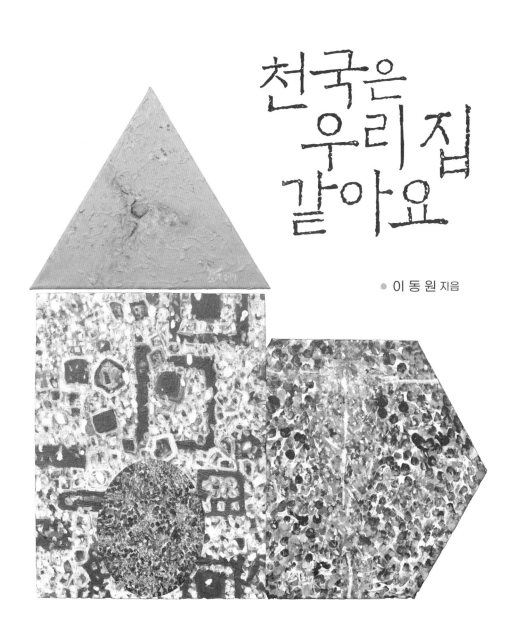

도서출판 **북쌔즈**
BOOKSAYS

천국은
우리집 같단다

──────────── 이동원

모래 위에 세운 집, 반석 위에 세운 집

모양새도 구조도 스타일도 닮았으나

두 집의 기초가 다름을 잊지 말게 하옵소서

주의 말씀이 우리집의 기초가 되게 하소서

야긴과 보아스, 두개의 기둥이 주의 집에 있었듯

사랑과 순종이 우리집의 두 기둥이 되게 하소서

내게 나보다 더 소중한 당신을 사랑하기에 순종하고

순종함으로 더 사랑하는 우리 부부가 되게 하소서

창문이 없는 집은 얼마나 답답할거나...

우리집에 넓게 열린 두 창을 갖게 하시고

두 창에 이해와 용서의 빛이 내리게 하사

서로의 허물을 덮는 덕으로 따뜻한 집이 되게 하소서

우리집에 견고한 지붕이 얹혀져 있지 않다면

비바람, 폭풍우, 눈보라를 무엇으로 막을까...

함께하는 말씀과 기도, 그리고 넘치는 찬양...

그 예배가 우리집을 보호하는 지붕이 되게 하소서

문턱이 높지 않아 쉽게 문이 열리는 우리집

우리집을 찾는 이들이 상쾌한 행복의 내음을 맡고

이 행복의 비밀이 무엇 때문이냐고 묻거든

예수께서 이 집의 주인이신 까닭이라 대답하게 하소서

우리집에 주신 선물, 내 아들 내 딸이 교회 다녀와

오늘 천국에 대한 말씀 들었는데... 천국이 어떤 곳이에요?

묻거든 이렇게 우리 자녀들에게 대답하게 하소서

~ 천국은 마치 우리집과 같단다! 라고

CONTENTS

※이 책은 〈부부 순례의 길 세미나〉의 강의 녹취를 기반으로 편집

1장

성서적
가정관

하나님은 창조의 절정인 마지막 날
하나님의 형상을 따라 남녀를 지으시고
그들로 부부가 되어 가정을 이루게 하셨습니다.
그리고 그들을 축복하사 생육하고 번성하게 하셨습니다.
가정은 세상에 축복을 이루시는 하나님의 방법입니다.
하나님의 창조의 꿈이셨습니다.

_____ 위로

Holy Pilgrimage for a Couple

그곳이
우리집이어라

된장찌개 하나 오글보글 끓여 놓고
알콩달콩 행복할 수 있는 곳

받는 사랑 보다 주는 사랑이 더욱 행복한 곳
그곳이 우리집이어라

담장이 높아
세상의 악이 넘나보지 못하는 그곳
담장이 낮아
벗님들이 모여와 쉼을 얻어 갈 수 있는 곳
그곳이 우리집이어라

구성원 한 사람 한 사람 꿈이 소중해 밀어주며

우리집 비전을 향해 어깨 맞대어 가는

개체성과 공동체성이 아름다운 그곳

그곳이 우리집이어라

- 편집실

1장 | 성서적 가정관

첫 번째 강의의 제목은 성서적 가정관이다. 하나님은 창조의 절정인 마지막 날 하나님의 형상을 따라 남녀를 지으시고 그들로 부부가 되어 가정을 이루게 하셨다. 그리고 그들을 축복하사 생육하고 번성하게 하셨다. 가정은 세상의 축복을 이루시는 하나님의 방법이다. 가정은 하나님의 창조의 꿈이셨다.

"가정" 할 때마다 머릿속에 떠오르는 한 사람이 있다. 그가 만든 노래 하나가 있다. 오래 전 미국의 뉴욕에서 출생해서 뉴욕에서 자라나 별로 유명하지 않은 배우가 되고 유명하지 않은 극작가가 된 사람이 있었다. 그 정도로 만족할 수 없었던 그 사람은 활동지를 뉴욕에서 런던으로 옮긴다. 런던에 가서 배우로서 극작가로서 미국보다는 조금 나은 작은 성공을 거둔다. 하지만 그는 그것으로는 만족할 수가 없었다. 아무래도 이 길(배우의 길, 극작가의 길)은 자기가 가야 할 길이 아니라는 생각을 했다. 상당히 늦은 나이에 미국의 공무원에 지원을 한다. 아프리카의 튀니지에 가서 미국 영사가 되어 약 10년의 일을 했다. 그러다가 튀니지에서 가까운 알제리에 가게 되고 1852년 급작스럽게 숨을 거두고 세상을 떠난다.

그리고 약 31년이라는 시간이 흘러간 후 1883년에 뜻밖에 미국 정부가 그의 유해를 미국으로 소환해 오는 작업을 벌였다. 배로 그의 유해를 가져오게 되었다. 뉴욕 항구에 31년 전 세상을 떠난 이 사람의 유해가 입항하는 그날 뉴욕 부두는 사람들로 인산인해를 이루고 있었다. 뉴욕 시장이 나왔고 정부를 대표하는 영사들이 많이 나와서 팡파레를 울리고 레드카펫을 깔고 이 사람의 유해를 영접하고 있었다. 다시 돌아오는 그에게 경건한 환영과 조의를 표하고 있었다. 도대체 왜? 이 사람은 뉴욕에서도 런던에서도 별로 성공한 사람이 아니었다. 그저 미국의 수많은 외교관 중 한 사람으로 그렇게 중요한 지역도 아닌 곳에서 영사 생활을 10년 하다가 세상을 떠나간 사람이다. 그런데 왜 이렇게 사람들이 그의 돌아오는 유해에 대해서 뉴스가 되고 환영했을까? 그것은 그의 영사 생활 때문이 아니었고 또 그가 배우였기 때문도 아니고 그가 극작가였기 때문도 아니고 그가 만든 노래 하나 때문이었다.

그가 만든 노래 하나. 그 노래는 여러분과 저도 잘 알고 있는 노래이다. '즐거운 곳에서는 날 오라 하여도 내 쉴 곳은 작은 집 내 집뿐이리. 꽃 피고 새 우는 집. 내 집뿐이리.' Home Sweet Home이라는 원제를 가진 이 노래를 만든 하워드 페인이라는 사람의 이야기이다. 이 사람은 16세에 어머니를 잃어버리고 3년 후에 아버지를 또한 잃어버렸고 청소년기부터 그는 고아처럼 자라왔고 결혼도 못했다. 방랑자처럼 세계를 떠돌아다녔었다. 가정을 경험한 사람이 아니다.

누군가가 물었다. "당신이 가정을 경험한 사람도 아닌데 어떻게 이러한 곡을 쓸 수가 있었습니까?" 그러자 그가 말했다. "나는 가정을 몰랐기 때문에 가정을 그리워할 수 있었습니다. 가정은 사무친 나의 꿈이었습니다." 이 사람을 통해서 미국 사람들 가운데 영미권에 유행된 말이 있다. 자식들이 집을 떠나서 밖에 갔다가 집으로 돌아오면 "아빠, 엄마, 집 같은 곳은 아무데도 없어요. 우리집 같은 곳은 아무데도 없어요." "There is no place like home. There is no place like home."

아브라함 링컨은 이 노래는 미국인들로 하여금 가정의 가치를 일깨운 노래라고 말했다.

〈UN에서 행복을 이끄는 Big 7이 무엇일까?〉하는 주제에 대한 연구가 있었다. OECD 43개국이 참여하고 3차에 걸친 종단적 연구였다. 설문조사 결과로 행복을 이끄는 첫번째 조건은 가정이었다. 그 다음에 건강, 경제, 일 등이 따라오고 있었다. 가정이라는 home이라는 family라는 가치가 회자되고 있는 이 때 그리스도인들에게 가정은 어떤 의미를 갖는 것일까?

Ⅰ. 성서적으로 본 가정의 중요성

첫째, 가정은 하나님의 직접적인 계획에 따라 세워진 신적 기관 (Divine Institution)

하나님이 직접 계획하시고 설립하신 신적인 기관은 이 세상에 딱 둘 밖에 없다. 하나는 가정, 그리고 또 하나는 교회. 가정과 교회이다.

"하나님은 창조사역의 절정에서 가정을 지으셨다." 하나님이 만물을 창조하시고 마지막 날 당신의 형상을 따라 남자와 여자를 지으시고 그들로 부부가 되게 하시고 연합되게 하셔서 태어난 것이 가정이다. 창조사역의 절정에서 태어난 것이 가정이다.

또 하나는 구속사역의 절정에서 예수님이 우리의 죄를 대신 짊어지고 십자가에 돌아가시고 피 흘리셨을 때 그의 피 흘리심으로 말미암아 우리가 구원을 경험하게 되고 구원받은 우리를 혼자 두지 아니하시고 하나님의 공동체를 이루게 하신 것이 교회이다.

사도행전 20장 28절, 교회를 가리켜서 자기 피로 값 주고 사신 교회라고 기록되어 있듯이 구원 사역의 절정에서 교회가 태어났다. 우리 기독교 교리에서 그 무엇보다 중요한 교리가 있다면 창조의 교리 그리고 구속의 교리가 아닐까? 창조의 절정에서 태어난 것이 가정이고 구속사역의 절정에서 태어난 것이 바로 교회이다. 하나님이 직접 세우셨다.

요즘 한국에 보면 애국자들이 많아져서 지나친 애국 때문에 오히려 이념의 갈등으로 나라가 힘들 때가 많은데 소위 애국자들이 하는 소리가 '나라 없으면 교회도 없다. 나라 없으면 우리도 존재할 수가 없다.' 그런데 그것은 사실이 아니다. 나라와 국가는 하나님이 직접 세우신 기관은 아니다. 성경에 봐도 다른 나라들은 다 나라가 있는데 이스라엘만 나라가 없다고 했다. 신정 정치였다. 그래서 이스라엘 백성들이 '왜 우리만 왕이 없냐'고 투정하여 하나님께서는 원하시지 않지만 그래도 그대들이 원한다면 왕을 주겠다고 하셔서 사울 왕을 세우시고 국가가 태어난다. 하지만 처음부터 하나님이 의도하신 것은 아니었다. 그래서 소위 말하는 Divine Institution, 신적 기관은 가정과 교회밖에는 없다는 말이다. 나라가 중요하지 않다는 것을 강조하는 것은 아니다. 국가보다도 더 중요한 것이 가정이고, 국가보다도 더 중요한 것이 교회라는 것이다.

둘째, 그리스도인들의 영적 사역의 기초는 가정

가정이 없이는 사역이 가능하지 않다. 디모데전서 3장을 보면 바울 사도는 "초대교회 대표적인 지도자들은 감독과 집사 둘이다."라고 말씀하신다. 감독과 집사의 자질 혹은 자격을 논하는 내용이 바로 디모데전서 3장 1-13절이다.

> "1 미쁘다 이 말이여, 곧 사람이 감독의 직분을 얻으려 함은 선한 일을 사모하는 것이라 함이로다 2 그러므로 감독은 책망할 것이 없

으며 한 아내의 남편이 되며 절제하며 신중하며 단정하며 나그네를 대접하며 가르치기를 잘하며 3 술을 즐기지 아니하며 구타하지 아니하며 오직 관용하며 다투지 아니하며 돈을 사랑하지 아니하며 4 자기 집을 잘 다스려 자녀들로 모든 공손함으로 복종하게 하는 자라야 할지며 5 (사람이 자기 집을 다스릴 줄 알지 못하면 어찌 하나님의 교회를 돌보리요) 6 새로 입교한 자도 말지니 교만하여져서 마귀를 정죄하는 그 정죄에 빠질까 함이요 7 또한 외인에게서도 선한 증거를 얻은 자라야 할지니 비방과 마귀의 올무에 빠질까 염려하라 8 이와 같이 집사들도 정중하고 일구이언을 하지 아니하고 술에 인박히지 아니하고 더러운 이를 탐하지 아니하고 9 깨끗한 양심에 믿음의 비밀을 가진 자라야 할지니 10 이에 이 사람들을 먼저 시험하여 보고 그 후에 책망할 것이 없으면 집사의 직분을 맡게 할 것이요 11 여자들도 이와 같이 정숙하고 모함하지 아니하며 절제하며 모든 일에 충성된 자라야 할지니라 12 집사들은 한 아내의 남편이 되어 자녀와 자기 집을 잘 다스리는 자일지니 13 집사의 직분을 잘한 자들은 아름다운 지위와 그리스도 예수 안에 있는 믿음에 큰 담력을 얻느니라"

1절부터 7절까지가 감독의 자격을 말씀하신다. 지금은 교회를 대표하는 분들을 우리가 목사라고 부르지만 초대교회는 사실 목사라고 부르지 않았던 것 같다. 감독과 장로, 이 두 호칭이 더 보편적이었다. 지금은 목사보다 더 위에 다스리는 분들을 Bishop이라고 하지만 초대교회는 그렇지 않고 아무리 작은 교회라도 그 작은 교회 안의 영적지도자들을 감독이라고 불렀다. 우리가 '빌립보 교회에 감독들과 집사들에게 편지 하노니'라고 기록되어 있는데 빌립보교회는 아주 작은 교회이다. 지금 개념으로 감독을 이해하면 안 된다. 모든 영적 지도자들을 다 감독이라고 불렀다.

감독의 대표하는 자질(Qualification)은 8절부터 13절에 나온다. 사실 초대교회 조직은 단순했다. 영적 지도자들인 감독과 그를 돕고 함께 동역하고 있었던 교회의 집사들밖에 없었던 것 같다. 후대에 복잡한 교회 조직을 사람들이 발전시켰지만 초대교회는 차라리 단순했다. 그런데 감독이든 집사이든 그들의 자질에 있어서 계속적으로 강조한 것이 무엇일까? 2절에 보면 "한 아내의 남편이 되며", 4절 "자기 집을 잘 다스려 자녀들을 모든 공손함으로 복종하게 하는 자라야 할 지며" 5절 "사람이 자기집을 다스릴 줄 알지 못하면 어찌 하나님의 교회를 돌아보겠느냐"라고 쓰여있다. 하나님의 교회를 돌아보기 위해서는 먼저 우리가 관심을 가져야 할 것이 가정이고, 집이다 라는 말이다.

집사도 마찬가지이다. 집사도 또한 초대교회 영적 지도자였다. 집사들에 대해서도 여기 12절에 보면 "집사들은 한 아내의 남편이 되어 자녀와 자기 집을 잘 다스리는 자일지니" 항상 가정 생활이 사역의 전제였다. 가정 생활 못하면 사역도 할 수 없다는 것이다. 두 가지가 균형을 이루어 간다는 것이다. 두 가지가 밸런스를 이루고 있어야 한다는 것이다.

제가 지금 이석증으로 고생을 하고 있는데 이석증이라는 것이 오른쪽과 왼쪽의 균형을 잃어버렸기 때문에 생기는 병이라는 것이다. 우리도 그럴 수가 있다. 일을 하다 보면 가정을 소홀히 여기게 되고 가정일을 열심히 하다 보면 우리의 사역을 소홀히 여기게 되고. 이 밸런스(balance)라는 것이 얼마나 힘든지 평생 이 밸런스(balance)라는 것의 긴장을 놓치지 말고 함께 가야 한다. 이것이 우리의 숙명이다.

셋째, 가정은 하나님의 백성들의 성공적 사회생활의 전제 조건을 형성하는 장

가정생활이 잘 되지 않고는 우리의 사역이 잘 되지 않는다. 가정생활이 안 되면 사회생활도 힘들다. 시편 127편은 집을 세우시는 하나님에 대한 고백으로 시작된다. 이 시편의 마지막 절에서 자녀를 잘 키운 자는 원수와 담판할 때 수치를 당치 않을 것이라고 증언한다.

"1 여호와께서 집을 세우지 아니하시면 세우는 자의 수고가 헛되며 여호와께서 성을 지키지 아니하시면 파수꾼의 깨어 있음이 헛되도다 2 너희가 일찍이 일어나고 늦게 누우며 수고의 떡을 먹음이 헛되도다 그러므로 여호와께서 그의 사랑하시는 자에게는 잠을 주시는도다 3 보라 자식들은 여호와의 기업이요 태의 열매는 그의 상급

이로다 4 젊은 자의 자식은 장사의 수중의 화살 같으니 5 이것이 그
의 화살통에 가득한 자는 복되도다 그들이 성문에서 그들의 원수와
담판할 때에 수치를 당하지 아니하리로다"

1절에 보면 집이 나오고 그 다음에 성이 나온다. 옛날 고대 사회
생활의 터전이 바로 성이다. 성 안에서 사회생활이 이루어진다. 하
지만 성경은 집을 먼저 강조한다. 하나님이 집을 세우신다. 그런데
하나님께서 세우지 않으면 집을 세우려는 우리의 모든 수고는 헛
될 수밖에 없는 것이다. 그런데 집만 그런 것이 아니다. 성도 마찬
가지이다. 우리의 사회를 잘 가꾸려는 우리의 노력도 그분이 함께
하지 않으면 불가능하다. 집과 성을 같은 선상에서 중요하게 강조
하고 있다. 가정들이 모여서 사회를 형성하는 것이고 가정들이 잘
되지 않으면 사회가 어두울 수밖에 없다. 시편에서 자녀를 화살통
에 가득하게 갖고 있는 자는 성에서 원수를 만나도 당당할 수 있다
고 말하고 있다. 왜냐하면 자식들이 잘 되면 우리의 삶의 터전에서
누구를 만나도 떳떳할 수 있다. 자녀들이 힘들면 우리의 생활이 위
축될 수밖에 없다. 자녀들이 잘됐을 때 우리가 느끼는 감정, 우리의
자녀들이 헤매고 어려웠을 때 우리가 느끼는 것을 우리는 잘 알고
있다.

넷째, 가정은 인간의 고독의 문제에 대한 유일한 처방
에덴동산에서 죄를 지어 실낙원 했을 때 인간은 무화과나무(FIG

LEAF)로 수치를 가렸다. FIG LEAF 두문자를 따오면, 실낙원 이후 두려움(Fear), 소외(Isolation), 죄의식(Guilty Feeling), 고독(Loneliness), 추방당한 느낌(Exileness), 분노(Anger), 좌절감(Frustration)이 운명처럼 따라붙게 되었다. 인간은 누구나 다 고독하게 산다. 그러면 인간이 고독한 이유가 뭘까? 평생 묵상을 했는데 깨달은 대답은 하나이다. 아무도 내 인생을 대신 살아줄 사람이 없기 때문이다. 그래도 가장 가까이에서 내 삶을 같이 나누어 줄 사람, 그 사람이 바로 남편이고 아내이다. 성경에서 시편 기자는 시편 68편 6절에서 하나님은 고독한 자들을 가족과 함께 살게 하신다고 말씀하신다. 옛날 버전에는 "고독한 자들을 가족 중에 처하게 하시며"라고 말씀하신다. 광야인생길 영원한 후렴은 고독이다. 인생의 영원한 후렴, 고독에 대한 하나님의 치유의 방편이 가족이다. 가정은 고독을 치유하는 병원이고 성소이다. 가정에서 고독이 치유되지 못한다면 인생은 정말 방황할 수밖에 없는 것이다.

부부관계가 서로의 고독을 치유하는 일에 얼마큼 도움이 될 수 있었는지 한번 같이 나눠 보길 원한다.

II. 세 가지 유형의 가정

세 가지 유형의 가정 도표(47p 연습문제 참조)는 풀러신학교에서 오랫동안 가정사역을 하던 잭 볼스윅, 주디 볼스윅 부부가 만든 것이다. 세 가지 유형의 가정 도표는 우리가 경험했던 가정, 자라온 가정이 어떤 유형에 속하는지를 한눈에 볼 수 있다. 제가 잭하고 주디를 개인적으로도 아는데 만나서 감사인사를 전했다. 당신이 잘 정리를 해줘서 내가 강의할 때 많이 활용한다는 얘기를 잭하고 주디한테 개인적으로 나눈 일이 있다.

저는 1970년대 중반에 '새 생활 세미나'라는 이름으로 교재를 만들고 유관순 기념관에서 가정 생활에 대한 강의를 시작했다. 가정 사역을 열심히 하시는 송길원 목사님이 양평에 가정 사역 동산을 만들었는데 그곳에 가면 가정 사역의 원조 '이동원 목사의 방'이 있다. 당시에는 이러한 것들이 전혀 없었기 때문에 그 당시에 관심이 어마어마했다. 한국 교회 사상 처음으로 바인더를 만들고 월요일부터 금요일 저녁까지 그리고 토요일 온종일 하는데 유관순 기념관이 가득찼다. 2~3주 전에 예약이 다 끝날 정도로 많은 사람들이 관심을 가져주었다.

그 당시에 지금은 세상 떠난 제 친구 하용조 목사가 저에게 와서하는 말이 "이렇게 돈 내고 세미나 하면 누가 오냐." 해서 저는 "물론 그냥 할 수도 있지'만은 자기가 지불을 하고 오면 더 열심히 사람들이 참여할 수 있지 않겠느냐." 했는데 궁금한지 자기가 첫 날와서 유관순 기념관이 꽉 찬 것을 보고 "야. 그거 되네."하며 그 다음부터 두란노에서 온갖 세미나를 시작하게 된 것이다. 저는 우리

_____ 열정

나라의 불모지였던 가정사역의 Pioneer의 역할을 한 것을 감사하게 생각한다. 지금 생각하면 하나님이 주셔서 한 최초의 시도이었다.

제가 20대 젊은 신학생으로 미국에 갔을 때 그 당시에 미국 사회에 선풍을 일으키던 Basic Youth Conflict Seminar가 있었다. 저는 신학을 공부하러 갔지만 제 주변에 몇 사람이 그 세미나는 꼭 가봐야 한다고 해서 참석했었다. 한주간 매일 저녁 가정 얘기하고 부부 얘기하고 자녀 얘기하는데 내가 이것을 한국 가서 해야겠다는 소원이 생겼다. 저는 신학보다도 오히려 그것에 더 관심이 있었다. 그래서 시작한 것이 '새 생활 세미나'이다. 그때 세미나를 도와

주셨던 장로님이 미국에서 의사 하시다가 한국에 와서 건양대학에서 의사하시면서 치유선교학과에서 가르치시고 70년대 초에 저와 같이 세미나에 참가하셨고 제가 일하도록 격려를 해 주셨고 불쌍한 유학생 데려다가 밥을 해주셨는데 이분이 지금은 80이 넘으셨다.

세 가지 유형의 가정 - 전통적 가정, 성서적 가정, 현대적 가정

첫 번째 요소, 권위의 소재이다

잭 볼스윅은 세 가지 유형의 가정을 제시하고 있다. 전통적 가정은 아버지에게 권위가 있다. 이런 가정은 할아버지나 아버지의 말씀이 곧 하나님의 말씀이다. 그분이 한마디하면 아무도 대들 수가 없었다. 지금은 이런 시대가 다 지나가고 있지만 여러분이 어렸을 적에는 이러한 성격의 가정이 아마 많이 있었을 것이다. 우리 시대는 전통적 가정과 현대적 가정의 과도기였던 것이다. 반면 현대적 가정은 권위가 그 누구에게도 없다. 사사기 시대의 가정이다. 왕이 없으므로 사람들이 저마다 제 뜻대로 행한다. 어떤 가정에 가면 가정에서 강력한 권위를 오히려 자녀들이 가지고 있는 경우도 있다. 자식의 한마디면 온 가족이 쩔쩔매고 있다. 고3 하나가 출몰하면 그가 왕이 된다. 권위의 부재, 혹은 각기 저마다 자기의 주인이다. 전통적 가정과 현대적 가정의 사이가 바로 우리가 추구해야 할 성경적 가정이다. 성경적 가정(Biblical Family)의 권위는 누구에게 있나? 예수님이다. 예수님이 권위이다. 예수님이 권위를 가질 때 그 가정이 그리스도의 가정이 될 수가 있고 그리스도가 "우리의 가정의 주인이시다"라는 고백이 가능한 것이다.

　두 번째 요소, 가정을 만드는 또 하나의 요소는 헌신(Commitment)**이다.**
　가정이 가족으로 머물러 있을 수 있었던 헌신은 무엇 때문일까? 전통적 가정은 제도이다. 과거에 그렇게 했기 때문에 하는 것이다. 제도적 헌신 또는 관습적 헌신이다. 그러나 현대의 가정은 다르다. 당연히 그런 것이 아니라 그래도 그렇게 하는 것이 편하기 때문이고 그래도 조금이라도 이익이 있기 때문이다. 수용적 헌신이다. 자기 의지가 중심 되어있는 헌신이다. 하지만 성경적 헌신은 달라야 한다. 성경적 헌신은 인격적 헌신이다. 한 사람, 한 사람을 소중히 여기는 진정한 인격적 헌신이다. 그리고 인격의 헌신의 밑바탕에는 하나님의 언약이 있다. 기독교적 결혼(Christian marriage)의 가장 중요한 특성은 히브리어로 '베리트', 하나님의 약속 때문에 우리가 만났다는 것이다. 약속을 지키기 위한 인격적 헌신이다. 인격적 헌신이 있는가 없는가가 가정의 유형을 결정하는 두 번째 요소가 된다.

　세 번째 요소, 적응성(Adaptability)**이다.**
　전통적 가정은 율법주의적 성향이다. 아버지의 말이 법이다. 'No'가 있을 수가 없다. "하라, 하지 말아라." 그것을 어기면 큰일이 난다. 그래서 율법적 가정은 경직될 수밖에 없다. 얼어붙은 가정이 될 수밖에 없다. 그 다음 현대적 가정인데 현대적 가정은 전통적 가정과 정반대이다. 무율법주의이며 법이 없다. 기준도 없다. 혼란밖에 없다. 혼돈성이 특징이다. 그러나 성경적 가정은 우리가 은혜 받은 자로 주께서 내게 주신 은혜가 내 자식들을 지배한다. 은혜가 서로 소통하게 만든다. 겉으로 드러난 현상 중에 하나는 거기에 자율성이 있다. 혹은 진정한 융통성이 있다.

네 번째 요소, 의사소통(Communication) **방식이다.**

전통적 가정에서는 거의 의사소통이 없다. 그냥 아버지가 한마디 하면 끝이다. 억압적이다. 그러나 현대적 가정에서는 저마다 일방적이다. 혹은 저마다 방임적이다. 그냥 'I don't care'이다. 그러나 성경적 가정은 진정한 대화가 있다. 대화가 어려울 때는 타협을 할 줄 알아야 한다. 한국 교회에서는 타협이 죄인 것처럼 타협이라는 단어가 굉장히 나쁜 단어로 쓰일 때가 있다. 타협을 하면 안된다고 말한다. 그러나 우리는 모두 예수 믿고 구원을 받았지만 아직은 완전한 존재가 아니다. 성화가 아직 완전히 이뤄지지 않은 과정이기에 당연히 실수할 수 있다. 따라서 우리가 완벽하지 않다면 서로 양보할 줄 알고 서로 타협할 줄 알아야 한다. 타협(Compromising)의 예술이 없다면 그 가정은 끊임없는 혼돈의 가정이 될 수밖에 없다. 어떤 방식으로 의사소통 하는지가 가정의 유형을 결정하는 네 번째 요소가 된다.

전통적 가정, 현대적 가정, 성경적 가정의 모습을 보면서 내가 자라온 가정은 어떤 가정일까를 생각해보면 대부분 전통적 가정과 현대적 가정이 섞여 있을 것이다. 그 안에서 조금씩 그래도 성경적 가정의 빛의 면모가 보일 수 있다. 전통적 가정, 현대적 가정, 성경적 가정에 비추어서 본인의 어린 시절을 한번 떠올려 보고 앞으로 우리가 성경적 가정에 조금이라도 더 가까워지기 위해서 어떠한 노력을 해야 할지를 나눠보자. 내가 자라온 가정과 우리가 노력해야 할 가정의 모습에 대하여 대화를 시작하자.

III. 성서적 가정의 비전

나이 많으신 분들은 이제 가정생활 다 끝났다고 생각하시는데 저는 그렇게 생각하지 않는다. 우리가 평생 살아있는 동안에 우리는 계속 가정을 만들고 있는 것이다. Home Building이라는 말이 있다. 혹은 Family Building이다. 우리는 아직도 가정을 만들고 있는 것이고 또 내가 가던 길을 보고 내 자녀들이 가정을 만들고 있다. 또 자녀의 자녀들이 손주들이 가정을 만들고 있다. 우리의 Home Building의 과정은 아직도 끝나지 않았다. 중요한 것은 우리가 성경적 가정에 대한 비전을 가져야 한다. 그림이 있어야 한다.

성경적 가정이 되기 위해 필요한 9가지 요소

가정의 기초 - 말씀

한 채의 아름다운 집이 있다. 이 집이 성경적 가치를 가진 진정한 성경적 가정이 되기 위해 필요한 성경적 요소들이 아홉 가지가 있다. 첫 번째가 제일 중요하다. 첫 번째가 기초이다. 우리집의 기초(Foundation)는 무엇인가? 산상수훈에 보면 두 사람이 집을 짓는데 한 사람은 반석 위에, 한 사람은 모래 위에 집을 지었다. 두 채의 집이 완성된 다음에 사람들은 아무도 그 차이를 알아볼 수 없을 만큼 두 집은 비슷했다. 그런데 홍수가 나고 비바람이 불자 모래 위에 지은 집은 쉽게 무너졌다. 그러나 반석 위에 지은 집은 그대로 있었다. 차이가 뭐냐? 기초(Foundation)의 차이이다. 예수님이 "내 말을 듣고 행하는 사람은 그 집을 반석 위에 지은 지혜로운 사람과 같다"고 말씀하신다. 하나님의 말씀이 정말 우리의 기초가 되어있는가? Foundation이 되어 있는가? 그 말씀 위에 우리 가정이 정말 세워져 있는가?

'그리스도인들에게 성경에서 가장 중요한 말씀이 무엇일까?' 하면 아마 수많은 개신교인들은 요한복음 3장 16절을 말한다. 우리가 잘 아는 것처럼 이스라엘 사람들은 다르다. 이스라엘 사람들은 신명기 6장 4-9절을 말할 것이다.

"4 이스라엘아 들으라 우리 하나님 여호와는 오직 유일한 여호와

이시니 5 너는 마음을 다하고 뜻을 다하고 힘을 다하여 네 하나님 여호와를 사랑하라 6 오늘 내가 네게 명하는 이 말씀을 너는 마음에 새기고 7 네 자녀에게 부지런히 가르치며 집에 앉았을 때에든지 길을 갈 때에든지 누워 있을 때에든지 일어날 때에든지 이 말씀을 강론할 것이며 8 너는 또 그것을 네 손목에 매어 기호를 삼으며 네 미간에 붙여 표로 삼고 9 또 네 집 문설주와 바깥 문에 기록할지니라"

이 말씀의 가장 중요한 강조점은 유일한 하나님, 그 하나님을 마음과 힘과 뜻을 다하여 사랑하라는 것이다. 우리가 그 하나님을 사랑한다면 구체적으로 어떻게 사랑하느냐? 네가 하나님을 사랑한다면 이 하나님의 말씀을 네 마음에 새겨라. 하나님을 사랑하는 사람에게 나타나야 할 가장 중요한 첫 번째 장소는 바로 마음이다. 하나님의 말씀을 마음에 잘 담아야 한다는 말이다. 내 마음에 담을 뿐만 아니라 그 말씀을 마음에 잘 새긴 다음에 그 말씀을 자녀에게 가르치라는 것이다. 그 말씀이 그렇게 너를 만드는 가장 중요한 가치라면 그 가치를 네 자녀들에게 가르치라. 언제 가르치라는 것일까? 다른 때에는 안 가르쳐도 된다. 앉았을 때, 걸어갈 때, 누웠을 때, 일어날 때 그때만 가르치면 된다. 다른 때는 안 해도 된다. 그러니까 항상(Always) 그렇게 가르치라는 말이다. 그 말씀을 손목에 매고 기호를 삼으며 미간에 붙이고 문설주와 바깥 문에 기록하라. 말씀이 삶이 되게 하라는 것이다. 우리의 가정(family)에서부터 하나님을 가장 사랑하는 증거가 나타나야 한다는 것이다.

가정의 두 기둥 - 순종과 사랑

두 번째가 바로 기둥이다. 그리스도인의 가정을 만드는 두 가지 기둥은 바로 순종과 사랑이다. 부모와 자식의 관계에 있어서 남편과 아내에게 있어서 계속해서 반복되는 두 가지는 '순종하라'와 '사랑하라'이다. 우리가 순종에 대해서 아내만 남편에게 일방적으로 순종해야 하는 것처럼 가르치는 경우가 종종 있다. 에베소서 5장 22절 때문에 그렇다. 물론 에베소서 5장 22절을 저는 사랑한다. 하나님이 이 말씀을 기록하신 것을 너무나 감사하게 생각한다. 날마다 너무나 내 심장을 뛰게 하는 이 말씀, 에베소서 5장 22절 말씀이다. "아내들이여 자기 남편에게 복종하기를 주께 하듯 하라." "아멘이십니까" 하면 반 쯤은 아멘을 못한다. 에베소서 22절 전에는 21절이 있다. "그리스도를 경외함으로 피차에 복종하라" 그 말씀이 먼저 있다. 예수님 때문에 나는 당신을 따르고 당신을 세워주고 당신에게 복종하며 피차에 복종하는 것이다.

아내에게 있어서는 좀 더 중요한 것이 복종이다. 남편에게 있어서는 좀 더 중요한 것이 사랑이다. 어느 것이 더 힘들까? 복종이 힘들까? 사랑이 힘들까? 에베소서 5장 25절에 보면 "남편들아, 아내 사랑하기를 그리스도께서 교회를 사랑하시고 자신을 주심 같이 하라." 여기서 사랑이란 단어는 그냥 사랑이란 단어가 아니라 '아가파오' 아가페 사랑이다. "하나님께서 세상을 이처럼 사랑하사 독생자를 주셨으니"라고 할 때 그 '사랑'이다. 모든 것을 희생하는 사랑 그 사랑으로 아내를 사랑하라는 것이다. 그러면 사랑이 힘들까? 순종이 힘들까? 두 가지가 다 힘들다. 사실 사랑도 힘들고 순종도 힘들다. 그러나 우리를 남편되게 하고 우리를 아내되게 하신 창조주 하나님께서는 우리가 피차에 복종하고 피차에 사랑하지만 아내가 좀더 관심을 가져야 할 것은 순종이라는 것이다. 하나님은 한 가정의 리더로 남자를 세우기를 원하신다. 아무리 시대가 바뀌어도 바뀔 수 없는 것은 성경적 원리라고 믿는다. 요즘 이것이 많이 흔들리고 있고 도전(Challenge)받고 있지만 하나님은 남편의 리더십을 기대하고 있다. 그러면 남편의 리더십을 세워주는 사람이 누구냐? 아내가 세워주어야 한다. Follower가 없이는 리더가 세워질 수 없다. 그리고 남편의 아내를 향한 사랑, 전적인 자기 희생, 모든 것을 바치는 희생적 사랑, 이 두 가지가 아내와 남편의 관계를 만드는 것이다.

두 개의 창 - 이해와 용서

4번과 5번이 짝이다. 4번과 5번은 두 개의 창이다. 창이 있어서 우리에게 밝고 환한 빛이 머물 수가 있다. 우리의 집을 밝고 따뜻한 빛이 머물 수 있는 곳이 되게 하는 것이다. 4번이 무엇일까? 이해(Understanding) 또는 잠언의 표현을 빌려서 명철이다. 그 다음에 5번은 용서이다. 부부관계는 지상의 어떠한 관계보다도 더 밀접한 관계이다. 우리를 크리스천 부부되게 하는 것은 완벽하기 때문이 아니다. 크리스천도 끊임없이 상처주는 삶을 산다. 크리스천의 삶은 우리가 완벽하게 산다는 것이 아니라 우리가 잘못을 했을 때 "여보, 내가 잘못했소. 나를 용서하시오."하고 인정하고 용서를 빌 줄 아는 것이다. 용서의 중요한 전제는 상대방을 이해하는 것, 끊임없이 이해하려고 하는 것이다. 이해는 한두 번의 작업으로 끝나는 것이 아니라 평생해야 할 작업이다. 겸손한 사람만이 이해할 수 있다. 저는 이해라는 영어단어가 좋다. Under-standing이다. 상대방의 발 아래 설 때 상대방이 이해가 된다. 내가 상대방 꼭대기에 올라가 있으면 상대방이 이해가 안 된다는 말이다. 상대방의 무릎 밑에 설 때 그를 받아줄 수 있고 용서할 수가 있고 이해하고 용서하기 때문에 우리 가정은 정말 크리스천다운 가정 그리스도의 가정이 될 수가 있는 것이다.

두 개의 대문 - 선교와 구제

또 하나의 짝은 6번과 7번이다. 집으로 들어가는 문을 통해서 바깥 사회와 접촉을 한다. 6번은 선교이다. 나는 내 집을 나가서 우리의 이웃들에게 복음을 전한다는 말이다. 선교한단 말이다. 또 선교할 뿐만 아니라 이웃들을 사랑하고 구제한다. 사랑을 실천하고, 끊임없이 우리 바깥에 있는 사람들과 관계를 맺으면서 우리가 평생 복종해야 할 주님의 중요한 두 가지 명령 중 하나는 지상 명령 Great Commission! '선교'이다. '전도'이다. 또 하나, Great Commandment, '이웃 사랑'이다. 이웃 사랑의 구체적 표현 중 하나가 구제하는 것이다. 내 주변의 약하고 힘든 이웃들을 돌보며 구제하는 것이다. 이러한 특성이 없다면 크리스천다운 교제가 없는 것이다.

지붕 - 경건 생활

마지막 8번째와 9번째가 짝이다. 8번째는 지붕이다. 가정을 보호하는 것이다. 지붕이 없는 집은 상상이 안 된다. 지붕이 있어서 우리는 비바람, 폭풍우 속에서 보호를 받을 수 있다. 우리 가정에 있어서 지붕은 바로 경건 생활(Devotional life)이다. 스펄전은 이렇게 말한다. "경건 생활이 없는 가정이여, 화 있을 진저." 가정을 보호할 수 있는 보호막이 상실되어 있는 것이다. 예배가 있는 가정, 부부가 함께 QT를 나눌 수 있는 가정, 함께 말씀을 읽을 수 있는 가정을 바라본다.

집 위에 있는 비둘기 - 성령의 임재

마지막 집 위에 있는 것은 비둘기이다. 우리집에 비둘기가 이렇게 많이 앉아 있다. 무엇을 뜻할까? 성령충만한 가정이다. 우리 가정의 식구들이 정말 성령으로 충만하고 성령의 다스림을 받을 때 비로소 우리의 가정은 기독교적 가정이 될 수 있다.

가정에 대한 교훈이 에베소서 5장 21절 이하에 나온다. 그런데 그 전에 앞서 강조했던 것이 에베소서 5장 18절 말씀이다. "술 취하지 말라 이는 방탕한 것이니 오직 성령으로 충만함을 받으라" 교회만 같이 나가는 가정은 기독교 가정이 아니다. '내 안에 그리스도가 계신가?' 하나 더 중요한 것은 '내 안에 그리스도의 영이 통치하고 있는가?' 그때 비로소 우리는 성령충만한 가정이 될 수가 있다. 이러한 가정만이 주변에 영향을 끼친다. 성령의 선한 영향을 끼치고 빛을 발하는 가정이 절로 된다.

과연 우리는 이런 성경적 가정의 비전을 아직도 붙들고 있는가? 나는 얼마큼 성경적 가정 앞에 근접해 있는가? 부족한 것은 무엇일까?

우리 오른손을 가슴에 얹고 함께 기도합시다.

"하나님, 우리 가정 주님이 기뻐하시는 그러한 가정으로 주님이 다스리시는 천국 가정이 되게 하옵소서. 그리고 또 하나, 앞으로 우리의 자녀들이 이루는 가정도 주님이 통치하시는 그러한 가정이 되게 하옵소서. 주께서 통치하시고 기뻐하시는 그러한 가정되게 하옵소서."

IV. 새 시대 명문 가정을 열어가는 10가지 열쇠

이 시대 모든 사람의 화두가 행복한 사회이다. 사회의 기본단위인 가정이 행복해야 행복한 사회를 만들어 갈 수 있다. 이렇게 소중한 가정을 명문 가정의 반열에 올리는 열쇠는 무엇일까?.

명문 가정은 어떤 가정이 명문 가정일까? 아파트 평수가 명문 가정의 기준이 아니다. 좋은 대학에 자녀가 다닌다고 명문 가정이 아니다. 명문 가정이란 하나님 사랑과 이웃 사랑이 문패가 된 가정이다. 그 외에 명문가정의 10가지 열쇠를 이야기해본다.

명문 가정을 열어가는 첫 번째 열쇠는 개체성과 공동체성이 조화된 가정이다.

가족 구성원 개인의 재능과 꿈이 구현되도록 가족 구성원을 격려해 주고 도와줄 수 있는 가정이 되어야 한다. 이것이 개체성이라면 공동체성은 가정 전체의 비전을 위해서 자신을 조금은 희생하고 양보할 수 있는 가정이다. 이렇듯 개체성과 공동체성이 조화된 가정은 친밀감이 높은 가정이 되고 구성원 모두가 행복하게 된다.

명문 가정의 두 번째 열쇠는 꿈과 비전이 있는 가정이다.

아무리 순항이라도 목표 항구가 없다면 표류하는 것이지만 아무리 난항이라도 목표 항구가 있다면 항해이다. 목표 항구가 있는 부부항해는 건강하고 행복하다. 목적지를 향해서 같은 배를 탔기 때문에 친밀감이 높아진다. 목적 항구를 향하여 빨리 가야 되는데 언제 외도하는가? 외도할 시간도 없다. 꿈이 있는 가정, 우리집 비전 선언문을 적어 놓고 꿈을 향해 달려가는 가정, 명문 가정의 조건이다. 목적 항구가 있으면 아무리 난항이라도 항해이지만 목적 항구가 없으면 아무리 순항이라도 표류하는 것이다.

명문 가정의 세 번째 열쇠는 가족이 함께 독서하는 가정이다.

가족끼리 같은 책을 읽었다는 것은 마음을 이어주는 끈이 된다. 독서는 우리에게 많은 선물을 준다. 인간 이해가 넓어지고 자신을 만나게 해주고 생각하는 인간되게 해주고 관계하는 인간되게 해준다. 또 책 읽는 사람(Reader)은 리더(Leader)가 된다. 책 읽는 가정은 화이불류(和而不流)할 수 있다. 이 세상에서 친구들과 조화롭게 살지만 세상의 때가 오염되지 않는 모습으로 살아갈 수 있게 된다. 물고기가 짠 물 속에서 살지만 자기의 몸은 짜게 하지 않는다. 세상에 살면서도 오염되지 않을 수 있는 힘을 주는 것이 가족 독서이다.

명문 가정의 네 번째 열쇠는 칭찬하는 가정이다.

우리는 얼핏 생각하면 "너 이거 잘못하고 이거 잘못했어" 남편한테 자녀들한테 비난하면 내 자녀, 내 남편이 바뀌는 줄 아는데 그렇지 않다. 독자들도 체험했듯이 칭찬해 주면 칭찬받은 대로 되고 싶어서 부족하지만 열심히 노력한다. 칭찬해주면 자성예언이 이루어진다.

명문 가정의 다섯 번째 열쇠는 대화하는 가정이다.

"별것도 아닌데 그것 갖고 그래" 그런 축소형의 대화법도 아니고 "더 이상 말하지 마!" 억압형 대화법도 아니고 "네 마음대로 해" 방임형 대화법도 아닌 "아, 그랬구나, 우리 함께 풀어 가보자"라는 감정 코칭형 대화법으로 풀어가자. 가족 구성원의 꿈과 비전 취미와 관심사의 초점을 맞추는 대화, 기질에 따른 대화법을 배워가자. 칭찬에 갈급해하는 다혈질, 리더십을 갈망하는 담즙질, 존중 받고 싶어하는 점액질, 완벽함을 추구하는 우울질 등 상대방의 기질에 맞추어 대화하면 효율이 높아진다.

명문 가정의 여섯 번째 열쇠는 약속을 지키는 신의가 살아있는 가정이다.

프라하를 방문했을 때 카를교를 방문했다. 카를교에 사람들이 많이 모여 있는 곳이 있었다. 왜 이렇게 사람들이 모여 있나 저도 막 사람들을 비집고 가보니까 거기에 '얀 네포무츠키 신부'의 동상이 서 있었다. 그 동상 발에 키스하느라고 사람들이 운집해 있었던 것이었다. 얀 네포무츠키 신부는 많은 세월이 지났지만 그렇게 존경을 받고 있었다.

왜? 그 나라에 왕비가 외도를 했다. 왕비는 너무 괴로워서 얀 네포무츠키 신부를 찾아가서 고해성사를 했다. 이 낌새를 알고 왕이 얀 네포무츠키 신부를 불렀다. "왕비가 너한테 와서 고해성사를 했지? 그대로 나에게 알려주지 않으면 당신의 혀를 잘라서 이 블타바강 안에 버릴 것이다" 이렇게 이야기했다. 그러나 신부는 약속한 대로 절대 외도 이야기를 왕에게 고자질하지 않았다. 결국 얀 네포무츠키 신부는 혀를 잘려서 블타바강에 던지우게 되었다.

아름다운 신의 때문에 얀 네포무츠키 신부는 아직도 관광객들이 그렇게 와서 그의 발에 키스한다 한다. 역사가 흘러가도 그렇게 존경을 받는 신부님이 되었다. 얀 네포무츠키 신부처럼 신의를 지키는 가족은 서로 존경과 사랑을 주는 가족이 될 수 있다.

명문 가정의 일곱 번째 열쇠는 가족이 함께 봉사하는 가정이다.

유대인 가정에는 푸슈케라는 구제함이 항상 놓여져 있다. 저희 교회 한 성도의 가정 이야기이다. 가족 별칭은 '대나가' 가족이다. 대: 대대로, 나: 나눔을 실천하는, 가: 가족, 그래서 〈대나가〉 가족이다. 가족의 날 행사를 해마다 5월 둘째 주에 하는데 전국 각지에서 50여 명이 참석한다. 1부는 부모님 추도예배로 드리고 2부는 함께 오찬을 하고 3부는 각 가족 근황을 각 가족의 총무가 소개를 하고 4부는 손자들 장기자랑 이렇게 행복한 가족 시간을 갖는다. 마지막에는 바구니를 돌려서 이웃돕기 헌금을 모금한다. 초등학생은 천 원이라도 좋다. 봉사하는 습관, 봉사하는 문화를 만들기 위해서이다. 모금함은 힘든 이웃에게 전하게 된다. 자녀들에게 봉사성 교육을 심어주기 위한 참 좋은 가족 문화인 것 같아 소개한다.

명문 가정의 여덟 번째 열쇠는 감사하는 가정이다.

그날의 내 삶의 성공 여부는 그날 내 삶에 얼마만큼의 감사가 있었는가에 딱 비례한다고 한다.

감사는 재해석이다. 감사는 희망이다. 감사는 능력이다. 감사는 습관이다. 감사는 회복탄력성이다. 감사는 희망이다. 감사는 실천이다. 감사는 해결이다. 감사는 기적이다. 감사는 치료제이다. 감사는 항암제이다. 감사는 방부제이다. 감사는 해독제이다. 그렇다. 감사는 선택이다. 내 인생에 어떤 일이 일어났느냐 보다 내가 그것을 어떻게 인식하고 기술하는지가 중요하다. 마르쿠스 아우렐리우스는 '우리의 일생은 자신의 생각에 따라 만들어진다'라고 말하고 있다. 빛은 어둠을 몰아내는 속성을 가지고 있다. 감사의 빛을 내 가슴에 쏘게 되면 빛 앞에서 어둠은 찍 소리도 못하고 가슴 변방으로 물러간다. 가정의 역경이 왔을 때 유일한 테라피가 감사이다. 감사는 큰 무기가 된다. 매일 아침 식탁에서 가족이 함께 그날 가장 감사했던 일 2개씩 나누어 보자. 어느덧 행복의 파랑새가 우리집 식탁에 찾아와 앉아 있을 것이다.

명문 가정의 아홉 번째 열쇠는 가족의 소중함을 아는 가정이다.

유대인 가정의 밥상머리 교육이란 것이 있다. 음식만 먹이는 것이 아니라 지혜도 함께 먹인다는 의미이다. 이야기 꽃이 피는 밥상머리는 예배와 기도의 장소요 축복과 나눔의 장소요, 감사와 예절 교육의 장소이며, 어떤 잘못을 고백해도 용서받는 화해의 장소이며, 가족의 소중함을 일깨워주는 장소이기도 하다. 유대인 가족처럼 가족의 소중함을 아는 한국의 명문 가정이 되길 기도한다.

명문 가정의 열 번째 열쇠는 울타리가 낮고도 높은 가정이다.

명문 가정의 조건은 문턱이 낮은 가정이 되어서 아프고 힘든 이들 누구나 우리 가정에 들어와서 우리의 아름드리나무 그늘 아래서 쉼과 안식을 얻어 갈 수 있는 가정이 되고자 하는 것이다. 또한 울타리가 높은 가정이 되어 세상의 그 어떤 사악한 것도 그 어떤 죄악도 감히 우리 가정에 침입할 수 없을 정도로 견고한 성이 될 수 있는 우리 가정을 구축하고자 하는 것이 새 시대 명문 가정의 마지막 열 번째 열쇠이다.

필그림 하우스

I | 성서적으로 본 가정의 중요성

1. 하나님의 직접적인 계획과 의도에 의해 세워진 신적 기관은 _____과 _____ 뿐입니다.

◆ 하나님은 창조 사역의 절정에서 가정을 지으셨고 구속 사역의 절정에서 교회를 지으셨습니다.

◆ 이 말의 뜻은 무엇입니까?

_____

_____

2. 그리스도인들의 영적 _____의 기초는 가정입니다.

◆ 디모데전서 3:1-13절에 보면 바울 사도는 교회지도자들, 감독이나 집사가 주의 일을 잘 감당하기 위한 전제로써 집안을 잘 다스려야 한다고 강조했습니다.

디모데전서 3:1-13

1 미쁘다 이 말이여, 곧 사람이 감독의 직분을 얻으려 함은 선한 일을 사모하는 것이라 함이로다 2 그러므로 감독은 책망할 것이 없으며 한 아내의 남편이 되며 절제하며 신중하며 단정하며 나그네를 대접하며 가르치기를 잘하며 3 술을 즐기지 아니하며 구타하지 아니하며 오직 관용하며 다투지 아니하며 돈을 사랑하지 아니하며 4 자기 집을 잘 다스려 자녀들로 모든 공손함으로 복종하게 하는 자라야 할지며 5 (사람이 자기 집을 다스릴 줄 알지 못하면 어찌 하나님의 교회를 돌보리요) 6 새로 입교한 자도 말지니 교만하여져서 마귀를 정죄하는 그 정죄에 빠질까 함이요 7 또한 외인에게서도 선한 증거를 얻은 자라야 할지니 비방과 마귀의 올무에 빠질까 염려하라 8 이와 같이 집사들도 정중하고 일구이언을 하지 아니하고 술에 인박히지 아니하고 더러운 이를 탐하지 아니하고 9 깨끗한 양심에 믿음의 비밀을 가진 자라야 할지니 10 이에 이 사람들을 먼저 시험하여 보고 그 후에 책망할 것이 없으면 집사의 직분을 맡게 할 것이요 11 여자들도 이와 같이 정숙하고 모함하지 아니하며 절제하며 모든 일에 충성된 자라야 할지니라 12 집사들은 한 아내의 남편이 되어 자녀와 자기 집을 잘 다스리는 자일지니 13 집사의 직분을 잘한 자들은 아름다운 지위와 그리스도 예수 안에 있는 믿음에 큰 담력을 얻느니라

◆ 우리 가정의 교회생활과 가정생활의 균형은 어떻게 유지되고 있습니까?

_____

_____

3. 가정은 하나님의 백성들의 성공적 _____의 전제조건을 형성하는 장입니다.

◆ 시 127편은 집을 세우시는 하나님께 대한 신앙고백으로 시작됩니다. 이 시편의 마지막 절에서 자녀를 잘 키운 자는 성문에서 원수와 말할 때에 수치를 당치 않을 것이라고 증언합니다.

> **시편 127**
>
> 1 여호와께서 집을 세우지 아니하시면 세우는 자의 수고가 헛되며 여호와께서 성을 지키지 아니하시면 파수꾼의 깨어 있음이 헛되도다 2 너희가 일찍이 일어나고 늦게 누우며 수고의 떡을 먹음이 헛되도다 그러므로 여호와께서 그의 사랑하시는 자에게는 잠을 주시는도다 3 보라 자식들은 여호와의 기업이요 태의 열매는 그의 상급이로다 4 젊은 자의 자식은 장사의 수중의 화살 같으니 5 이것이 그의 화살통에 가득한 자는 복되도다 그들이 성문에서 그들의 원수와 담판할 때에 수치를 당하지 아니하리로다

◆ 자녀를 키워 가는 과정에서 자녀의 삶이 부모의 대사회적(대외적) 행보에 끼친 영향이 무엇이었는가를 부부사이에 나누어 보십시오.(긍정적 영향과 부정적 영향을 함께)

_____

_____

4. 가정은 인간의 _____의 문제에 대한 하나님의 유일한 처
방입니다.

◆ 시편 기자는 "하나님은 고독한 자들을 가족과 함께 살게 하신다" 시
68:6 하였습니다. 가정은 인간의 고독을 치유하는 성소입니다.

◆ 가정생활이 나의 심리적 고독을 치유하는 일에 어떻게 도움이 되었는
지 나누어 보십시오.(나는 이 사람을 만나 결혼한 이후...)

_____

_____

Ⅱ | 세 가지 유형의 가정

요소들 〳 유형	전통적가정 Traditional family	성서적 가정 Biblical Family	현대적 가정 Modern family
권위 Authority	남성 - 아버지 호주 중심의 권위	_____의 권위 _____의 가정	권위 부재 자기중심의 가정
헌신 Commitment	제도적 헌신 사회관습중심	_____의 헌신 하나님의 _____중심	실용적 헌신 자기 의지 중심
적응성 Adaptability	율법주의적 성향 경직성	_____성향 _____성	무율법주의적 성향 혼돈성
의사소통 Communication	무표현성 억압적	_____성 _____적	일방성 방임적

※ 잭 볼스윅. 주디 볼스윅의 "크리스천 가정" 표를 참조함

◆ 내가 자라온 가정은 어느 형태였는지 부부사이에 나누어 보십시오.

_____

_____

◆ 우리 가정이 성서적 가정을 이루어가는 일에 부족한 요소들이 무엇인
  지 부부가 나누어 보십시오.

_____

_____

Ⅲ| 성서적 가정의 비전

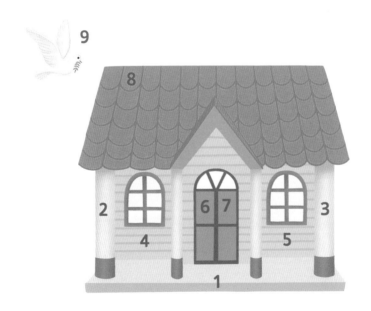

1. 신명기 6:4-9, 마태복음 7:24-27

_____

_____

2. 에베소서 5:21-24

_____

_____

3. 에베소서 5:25-28

_____

_____

4. 잠언 18:2

_____

_____

5. 에베소서 4:32

_____

_____

6. 마태복음 28:19-20

_____

_____

7. 마태복음 22:39

_____

_____

8. 잠언 1:7

_____

_____

9. 에베소서 5:18

_____

_____

신명기 6:4-9

4 이스라엘아 들으라 우리 하나님 여호와는 오직 유일한 여호와이시니
5 너는 마음을 다하고 뜻을 다하고 힘을 다하여 네 하나님 여호와를 사
랑하라 6 오늘 내가 네게 명하는 이 말씀을 너는 마음에 새기고 7 네 자
녀에게 부지런히 가르치며 집에 앉았을 때에든지 길을 갈 때에든지 누
워 있을 때에든지 일어날 때에든지 이 말씀을 강론할 것이며 8 너는 또
그것을 네 손목에 매어 기호를 삼으며 네 미간에 붙여 표로 삼고 9 또
네 집 문설주와 바깥 문에 기록할지니

마태복음 7:24-27

24 그러므로 누구든지 나의 이 말을 듣고 행하는 자는 그 집을 반석 위
에 지은 지혜로운 사람 같으리니 25 비가 내리고 창수가 나고 바람이 불
어 그 집에 부딪치되 무너지지 아니하나니 이는 주초를 반석 위에 놓은
까닭이요 26 나의 이말을 듣고 행하지 아니하는 자는 그 집을 모래 위
에 지은 어리석은 사람 같으리니 27 비가 내리고 창수가 나고 바람이 불
어 그 집에 부딪치매 무너져 그 무너짐이 심하니라

에베소서 5:21-24

21 그리스도를 경외함으로 피차 복종하라 22 아내들이여 자기 남편에게 복종하기를 주께 하듯 하라 23 이는 남편이 아내의 머리 됨이 그리스도께서 교회의 머리 됨과 같음이니 그가 바로 몸의 구주시니라 24 그러므로 교회가 그리스도에게 하듯 아내들도 범사에 자기 남편에게 복종할지니라

에베소서 5:25-28

25 남편들아 아내 사랑하기를 그리스도께서 교회를 사랑하시고 그 교회를 위하여 자신을 주심 같이 하라 26 이는 곧 물로 씻어 말씀으로 깨끗하게 하사 거룩하게 하시고 27 자기 앞에 영광스러운 교회로 세우사 티나 주름 잡힌 것이나 이런 것들이 없이 거룩하고 흠이 없게 하려 하심이라 28 이와 같이 남편들도 자기 아내 사랑하기를 자기 자신과 같이 할지니 자기 아내를 사랑하는 자는 자기를 사랑하는 것이라

잠언 18:2

미련한 자는 명철을 기뻐하지 아니하고 자기의 의사를 드러내기만 기뻐하느니라

에베소서 4:32

서로 친절하게 하며 불쌍히 여기며 서로 용서하기를 하나님이 그리스도 안에서 너희를 용서하심과 같이 하라

마태복음 28:19-20

19 그러므로 너희는 가서 모든 민족을 제자로 삼아 아버지와 아들과 성령의 이름으로 세례(침례)를 베풀고 20 내가 너희에게 분부한 모든 것을 가르쳐 지키게 하라 볼지어다 내가 세상 끝날까지 너희와 항상 함께 있으리라 하시니라

마태복음 22:39
둘째도 그와 같으니 네 이웃을 네 자신 같이 사랑하라 하셨으니

잠언 1:7
여호와를 경외하는 것이 지식의 근본이거늘 미련한 자는 지혜와 훈계를 멸시하느니라

에베소서 5:18
술 취하지 말라 이는 방탕한 것이니 오직 성령으로 충만함을 받으라

• 반드시 읽을 책

이동원, 『웰빙 가정의 10가지 법칙』 압바암마

• 마무리기도

부부가 손잡고 기도합니다.

1. 성서적 가정의 비전을 위하여
2. 성서적 가정을 이루기 위해 보완되어야 할 요소들을 위하여
3. 하나님 안에서 새 시대 명문 가정을 세우기 위하여

필그림 하우스, 천로역정의 미궁 가는 길

2장

창조적
자아상

창조적 자아상

건강한 자아상은 행복한 가정생활의 열쇠라고 할 수 있습니다.

따라서 건강한 가정생활은 가정의 구성원 한 사람 한 사람이 부정적 자아상을

극복할 때에만 기대할 수 있는 것입니다. 부정적 자아상을 극복하는

시작은 하나님의 관점에서 자신을 바라보고 수용함으로 가능할 수 있습니다.

이것을 우리는 "창조적 자아형성"의 과제라고 부릅니다.

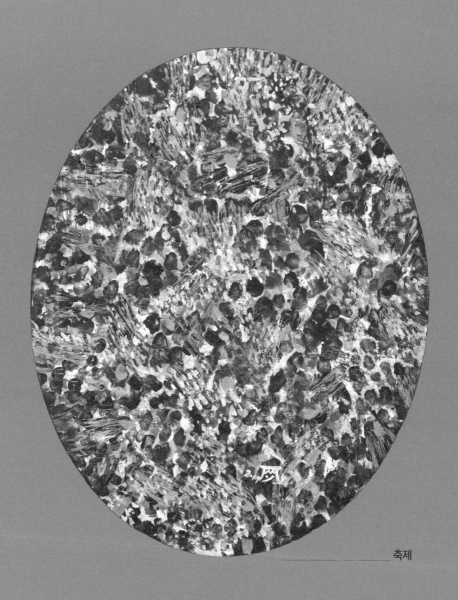

축제

Holy Pilgrimage for a Couple

나의 아내는
아름답습니다

작자 미상

하나님, 나의 아내는 아름답습니다.

꽃다운 처녀 때의 모습이 아름답습니다.

맏며느리를 마다하지 않은 용기가 아름답습니다.

힘든 시집살이를 이겨 낸 인내가 아름답습니다.

세 아이를 내 품에 안겨 준 아내의 산고가 아름답습니다.

출근할 때 뒤에서 살며시

껴안던 사랑의 숨결이 아름답습니다.

실직한 나를 위로하던 넓은 가슴이 아름답습니다.

시동생들 뒷바라지하며

도시락 들고 서 있던 모습이 아름답습니다.

시어머니와 두세 시간씩 통화할 때

들리는 아내의 웃음소리가 아름답습니다.

암을 이기신 친정 어머니의 믿음을 바라보는

눈물 젖은 눈망울이 아름답습니다.

한쪽 팔을 못 쓰시는 친정 아버지께 상추쌈을 입에 넣어주던
하얀 손가락이 아름답습니다.

어려움에 처한 동서와 올케를 권면하며 가슴 아파 떨리던
그 목소리가 아름답습니다.
두 아들의 노랑머리, 빨강머리를 바라보는
사랑스런 눈길이 아름답습니다.
아내보다 훨씬 커 버린 아들을 나무라는
애절한 목소리가 아름답습니다.
기도하여 낳은 막내딸의 얼굴에
입맞추는 입술이 아름답습니다.
예배시간 찬양 팀에 서서 주님을 찬양하며
드높이 올린 두 손이 아름답습니다.
교회 식구들에게 밥을 퍼 줄 때
이마 위에 맺힌 냄방울이 아름답습니다.
밤새 책 읽다 잠들어 들려오는 숨소리가 아름답습니다.
빙 둘러 서로 손잡고 식구들을 위하여 기도하던
눈물에 젖은 두 무릎이 아름답습니다.

Ⅰ. 건강한 자아상

두 번째 강의는 자아상과 부부관계에 관한 학습이다. 건강한 자아상은 행복한 가정 생활의 열쇠라고 할 수가 있다. 따라서 건강한 가정 생활은 가정의 구성원 한 사람, 한 사람이 부정적 자아상을 극복할 때만 기대할 수 있는 것이다. 부정적 자아상을 극복하는 시작은 하나님의 관점에서 자신을 바라보고 수용함으로 가능할 수 있다. 우리의 과제는 창조적 자아 형성이다.

인간만이 자신이 누구인가 하는 자아개념을 갖고 있는 존재이다. 자아개념은 과거 일어난 일에 대한 해석 인자이며 현재의 실행 인자이며 미래 일어날 일에 대한 예측 인자이다. 자아개념은 나로 하여금 그 일을 시키게 하는 숨은 명령자이다. 우리가 우리 자신에 대해서 얼만큼 건강한 자아상을 갖고 있는가 하는 것이 바로 어떤 부부관계를 형성하느냐, 어떤 가정을 만드느냐에 대한 가장 중요한 열쇠라고 할 수 있다. 91페이지를 보면 자아상의 긍정도를 테스트를 할 수 있다. 여러 가지 복잡한 상세한 테스트들이 있다. 그러나 이것은 아주 쉽게 가볍게 할 수 있는 테스트이다. 부담 갖지 말고 쉽게 14개의 질문에서 항상 그렇다, 자주 그렇다, 가끔 그렇다, 전혀 그렇지 않다 넷 중에 하나 표시만 하면 된다. 사실 그대로 있는 그대로 답하면 된다. 내가 되고 싶은 대로가 아니라 사실 그대로 체크하면 된다.

Ⅱ. 부정적 자아상

부정적 자아상은 왜 형성되는가? 부정적 자아상의 반대를 보통은 긍정적 자아상이라고 부르지만 긍정적 자아상보다도 창조적인 자아상으로 명명하고 싶다. 물론 창조적 자아상을 가진 사람들은 굉장히 긍정적이다. 자아상에 대해서 그들이 긍정적일 수 있는 이유는 그들의 자아가 하나님과의 바른 관계 속에서 형성되었기 때문이다. 그렇다면 반대로 부정적 자아상은 왜 형성되는가? 부정적 자아상은 부정적 사고방식을 갖고 있기에 가지게 된다.

부정적 사고방식의 원인
부정적 사고방식을 만드는 원인은 비교의식 때문에 그렇다. 우리는 인생을 살아가면서 끊임없이 나와 주변의 사람들을 비교한다. 대표적으로, 외모 비교이다. 저 사람은 저렇게 생겼는데 나는 왜 그렇게 안 생겼을까? 외모를 비교하면서 열등감에 빠지기도 하고 또 저 사람은 능력(달란트)이 있는데 왜 나는 재주가 없을까? 또 저 사람은 인생에서 저렇게 성취를 하는데 나에게는 도무지 성취가 없을까? 사역을 하면서도 내 사역의 마당에는 왜 성취가 없을까? 또 우리 마음속 깊은 곳에 어쩌다 나는 저런 부모를 만나서 이렇게 출발했을까? 내 부모를 비교한다. 어쩌다 저런 사람이 내 아버지가 되어서 또는 어머니가 되어서 내 인생이 이 모양 이 꼴이 됐을까? 또는 다른 사람과 다른 환경을 비교한다. 이러한 비교의식이 우리를 비참하게 만든다.

비교하는 척도는 대부분 세속적 가치관이다. 세상 사람들이 보통 사용하는 비교는 세상 사람들이 생각하는 기준을 가지고 저 사람은 잘 나가는 사람이고 세상적으로 볼 때 난 그렇지 못하다. 결국 세속적인 가치관을 가지고 나는 나와 내 이웃들을 비교하면서 절망에 빠지고 불평에 빠지고 인생을 비관하고 스스로를 학대하고 그 결과 열등감에 빠지던가 우월감에 빠진다. 열등감과 우월감은 정반대의 것으로 생각을 하지만 사실 열등감과 우월감은 그 뿌리가 같다. 자기 자신에 대한 정당하지 못한 평가 혹은 제대로 자기 자신을 수용하지 못한 결과가 열등감에 빠지게도 만들고 우월감에 빠지게도 만든다. 사실은 열등감 못지않게 우월감도 우리를 위험에 빠지게 만든다. 건강하지 못하게 만든다. 지금까지 나의 성장과

———————— 치유

정에 있어서 무엇을 제일 많이 비교하고 무엇 때문에 나는 힘들어
했을까? 외모, 능력, 성취, 부모, 환경 중에서 나는 지금까지 성장과
정 중에 어떤 것으로 힘들었을까 토론해보자.

부정적 자아 형성을 했을 때 어떠한 결과가 초래되는가?

첫째, 인간 관계의 굴절이다.

나와 주변 사람들과의 관계가 자꾸 굴절된다. 왜곡된다. 편안하
지 못하게 된다. 자꾸 갈등이 초래되고 사람들이 나로부터 멀어지
게 된다. 나를 둘러싼 관계가 따뜻하지 못하다는 것이다. 잘 수용하

지 못해서 그렇다. 내 안에 부정적인 요소가 있기 때문에 나 스스로가 그런 결과를 초래하게 된 것이다.

둘째, 삶에 대한 순수한 동기가 파괴된다.

부정적 자아상을 갖게 되면 인생에 대한 열정이 상실된다. 순수한 동기가 상실되면 자꾸만 의심한다. 다른 사람을 의심하고 오해하고 비판을 하게 된다. 내게 어떤 일이 주어지든 거기에 대한 순수한 열정이 없어지게 된다. 순수한 열정, 특별히 사역자들에게 있어서 하나님의 일에 순수한 열정을 가지고 나를 드린다는 것이 얼마나 중요한 것인가? 그런데 하는 일마다 내 주변의 동역자들 하고 계속해서 갈등을 초래하게 되고 그리고 내게 주어진 일에 있어서 자꾸만 순전한 열정이 사라지게 된다. 사실 그 깊은 원인은 내 안에 자리 잡고 있는 부정적인 자아형성이 그 원인일 수가 있다.

셋째, 육체적 정신적인 질병이 초래된다.

건강하지 못한 생각이 건강하지 못한 내 몸과 마음을 만든다. 또한 반대로 건강한 신체에서 건강한 마음이 생긴다. (Sound mind in Sound body)

넷째, 부정적 자아상은 참된 신앙의 성장을 막는다.

부정적 자아상은 신앙의 성숙을 방해한다. 하나님이 계시다면 왜 나를 이러한 지경에 놓아 두셨을까? 하나님에 대한 의심이 싹

튼다. 하나님을 안 믿는 것은 아니지만 하나님을 신뢰하지만 그분이 정말 선하시고 그분이 정말 살아 계시다면 왜 어째서 나에게만 이러한 어려움을 계속해서 주시는 것일까? 하나님에 대한 회의가 생긴다. 자기가 숨기고 있지만 하나님에 대한 진정한 감사, 하나님에 대한 찬양, 이러한 것들이 결핍된다. 신앙이 순수하게 자라지를 못하고 성숙하지 못하게 된다. 아무도 이런 부정적인 자아의 갈등을 겪지 않는 사람은 없다. 누구나 어느 정도는 경험한다. 이 네 가지 중에서 내게 가장 영향을 많이 끼치고 있는 것이 무엇일까?

Ⅲ. 창조적 자아상

부정적 자아상의 반대는 창조적 자아상이다. 단순히 긍정적 자아상이 아니라 창조적 자아상이다. 창조적 자아상을 만드는 가장 중요한 요소는 바로 창조적 사고방식이다. 부정적 사고방식의 배후에는 비교의식이 있다고 했다. 그런데 창조적 사고방식의 배후에는 창조의식이 있다. 창조적 의식을 가진 사람들은 내 외모를 다른 사람과 비교하는 것이 아니라 하나님이 나를 이렇게 만들어서 보내주심을 믿고 하나님의 창조를 그대로 수용한다. 주님이 나를 이렇게 만들어 주셨다. 그리고 나에게 필요한 만큼 필요한 능력을 주셨다. 그러니까 내 능력을 다른 사람과 비교할 필요가 없다.
저는 어렸을 때 정말 열등 의식이 많은 사람이었다. 저는 그림도 못 그리고 노래도 못 부른다. 저는 음치이다. 그래서 미술시간, 음악시간 성적이 제일 형편없었다. 운동도 못해서 나가면 할 수 있는 운동이 없었다. 그래서 얼마 전까지만 해도 사람들이 무슨 운동 하냐고 물어보면 저는 숨쉬기 운동 한다고 하였다. 저는 무녀독남 외아들인 우리 아버지의 장남으로 태어났다. 그래서 어렸을 때 혹시라도 제가 어떻게 되면 큰일나니까 과보호를 받았다. 밖에 못 나가게 하였다. 나가면 차에 치여 죽는다. 나무에 올라가면 떨어져 죽는다. 물에 들어가면 빠져 죽는다. 그러니까 정말 창피한 고백이지만 저는 수영을 못한다. 자전거 타는 것도 고등학교 3학년 때 친구들이 도와줘서 쪽팔리면서 간신히 배웠다. 그러니까 할 줄 아는 것이 아무것도 없다. 그래서 나는 도대체 나는 왜 태어났으며 어찌하여 할 수 있는 것이 아무것도 없을까? 고심하였다.

웅변대회에도 나가면 떨어지고 글짓기 대회에도 나가면 떨어졌다. 붙어본 적이 없다. 항상 떨어졌다. 그런데 한 가지 제가 잘 할 수 있는 것이 있었다. 조부모님이 저를 가둬 길러서 미안했던지 방안에 책을 잔뜩, 온갖 책들을 다 주셨다. 제 주변에 책들이 많았다. 바깥에 나가지도 못하고 할 일은 없고 책은 많으니 뭐하겠어요? 책 읽는 것이었다. 책을 하나 다 읽으면 심심하니까 요약한다. 간단한 소감문을 쓰곤 했다. 국민학교 졸업할 무렵부터 중학교 들어가니 독후감 대회라는 것이 있었다. 독후감 대회 나가서 한 번도 안 붙어본 적이 없다. 저는 책을 또 많이 읽다 보니까 초등학교 6학년 때 《젊은 베르테르의 슬픔》을 읽고, 중학교 때 카뮈를 읽고 사르트르를 읽었다.

이렇게 책을 읽다가 꼬박 꼬박 읽는 것이 싫어서 책을 이렇게 대각선으로 막 사선으로 읽기 시작했다. 제가 과거에 서울침례교회에 담임목회를 시작할 당시에 어떤 부목사님이 "목사님, 속독을 하면 굉장히 편리한데 제가 속독학원에 나가는데 한번 같이 청강 좀 해보시죠." 권유하였다. 속독학원에 따라가서 청강을 하는데 나는 이미 속독을 하고 있었음을 알게 되었다. 저는 마음만 먹으면 하루 이틀에도 성경을 다 읽을 수 있다. 넘기면 한눈에 다 들어온다. 읽다가 정독이 필요한 부분이 생기면 멈춰서 정독한다.

이러한 것이 제가 목사가 되어서 굉장히 도움이 됐다. 그걸 아주 뒤늦게 깨닫고 하나님께 감사했다. 지금도 저는 주일날 설교 준비하면 제 손에 거쳐가는 책이 10권 이하가 될 때가 없다. 한 편의 설교를 준비하면서 여러 권의 책이 제 손을 지나간다. 어려서는 우리 부모님 원망을 많이 했다. '우리 부모는 어쩌다가 나는 아무런 능력도 없이 이렇게 낳아 놓고 가둬서 기르고 했을까.' 그런데 나중에는 감사하게 되었다. 그래서 책을 보는 눈이 일찍 열리고 요약하고 원고를 정리하는 힘을 얻을 수 있었기 때문이다.
제가 코로나 시절 미국 다녀오면서 거의 한 달간 자가격리를 하게 되었다. 자가격리가 힘들다는 사람이 있는데 저는 너무 너무 좋았다. 저는 자가격리 하는 동안 책을 20권을 읽었다. 너무 재미있었다. 읽지 못한 책들을 다 쌓아 놓고 계속 읽었다. 제가 이런 얘기를 하는 것은 자랑하려고 하는 것이 아니라 내가 그렇게 못하는 것이 많은데 한 가지는 잘하는 것이 있고 그 한 가지를 가지고 내 인생을 만들어 왔다는 것을 말씀드리고 싶은 것이다. 지금도 계속 독서하고 저는 여행을 가면 같이 가는 우리 스태프들도 알다시피 보통 5권 이상 꼭 가지고 다닌다. 저는 비행기 타는 것이 지루하지 않다. 얼마나 좋은가? 기내에서의 시간이 책 읽는 시간이고 그동안 책 읽을 수 있고 요약도 하고 묵상도 하고 아주 신이 난다. 여러분도 잘 찾아보면 여러분 자신에게만 주신 달란트가 분명히 있을 것이다.

　저는 부모, 환경을 얼마나 원망을 많이 했는지 모른다. 제가 초등학교 6학년 때 우리집안이 쫄딱 망했다. 저는 중학교 1학년 때부터 다른 집에 가서 가정교사를 시작했다. 저는 초등학교 5학년, 6학년 때 제대로 학교에 등록금을 내본 적이 없다. 항상 선생님한테 등록금 안 냈다고 야단맞았다. 지금까지도 잊을 수 없는 선생님이 있는데 등록금 안 가져오면 벌을 주었다. 하루는 친구들이랑 벌을 받고 있는데 선생님이 물어보셨다. "너 사는 집이 어디냐?" 제가 수원서 초등학교를 나왔는데 "고등동에 삽니다." 그랬더니 꿀밤을 때리면서 선생님께서 하시는 말이 "너는 고등동이 아니라 하등동이야. 하등동." '나는 하등 인생인 모양이다. 어쩌다 우리 부모는 이렇게 실

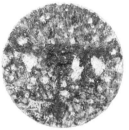

희망 시리즈

패해가지고 제대로 나를 도와준 것이 하나도 없네' 생각하였다.

그래도 내가 등록금을 못내어 학교를 못 다닐 쯤 되면 우리 어머니가 놀라운 기지를 발휘하신다. 우리 어머니가 다른 데 가서 빚을 얻어 오신 것이다. 나는 그것이 지겨웠다. 그러면 또 빚쟁이들이 왜 제 날짜에 안 가져 오냐고 야단일 테니까 말이다. 아버지도 사업하다가 실패하고 빚지고 도망가시고 그런 가운데서도 우리 어머니께서는 빚지면서까지 쭉 제 공부를 시켰다. 지금은 우리 어머니가 빚 얻는 은사가 있어서 나를 공부시켜 준 것이 너무 너무 감사하다.

어떤 관점에서 보느냐가 인생을 매우 다르게 만들 수가 있다. 사실 그런 창피한 부모였다. 빚지고 사라진 부모였다. 빚쟁이들이 중학교, 고등학교 때 공부하고 있는 데까지 찾아와서 네 어머니 아버지 어디 샀냐고 대리고 하였다. 그런 부모지만 그래도 내가 공부할 수 있었고 내 꿈을 버리지 않고 앞을 향해 나아갈 수 있었기에 지금은 너무 감사하다. 하나님이 나에게 이런 외모를 주셨고, 이런 능력을 주셨고, 성취를 주셨고, 이런 부모를 주셨고, 이런 환경을 주셨다. 나에게 꼭 필요해서 나를 만들기 위해서 나를 나답게 만들기 위한 하나님의 특별한 섭리 가운데 내게 주신 환경이다. 시각의 전환이 필요하다. 동화작가 안데르센은 불행의 모든 종합선물세트를 선물 받은 사람이었다. 어머니는 거리의 여인, 외할머니는 포주, 아버지는 심한 알코올 중독자이었으나 세상을 보는 시각을 달리 하여 그는 성냥팔이 소녀, 미운 오리새끼 등 주옥같이 아름다운 동화를 썼다. 지나친 햇볕은 사막을 만들 뿐이다. 오히려 환경이 안 좋아도 시각의 전환을 일으켜 다시 일어설 수 있는 것이다.

제가 늦게 이십 대 초에 예수를 믿게 됐는데 예수를 믿고 나니까 하나님이 내게 주신 것에 대한 마음속 원망이 사라지기 시작하였다. 이런 것이 창조의식이다. 성경적 가치관을 받아들인 것이다. 정말 창피한 부모들이지만, 이 부모가 아니면 나를 나답게 만들 수 없기에 하나님이 허용하셨구나 생각하니 어느 날부터 우리 부모가 원망스럽지 않게 되었다. 그렇게 창피했던 부모였는데 마음속에 안쓰러워 보이고 안아주고 싶고 이렇게 바뀌었다.

성경적 가치관을 수용하면서 창조의식이 나를 붙들기 시작한 것이다. 나는 단순히 이것을 긍정적 자아상이 아닌 창조의식이 나에게 가져다준 선물이라고 생각한다. 그렇게 되니까 나라는 인생을 내가 비관할 필요가 없었고 나 자신이 소중하고 이 소중한 나를 내 주어진 인생의 기회를 가지고 최선을 다해서 우리 주님 앞에 나를 드려보자고 결단하게 되었다. 진정한 의미에서의 자존감이 생겼다. 심리학자가 말하는 자존감이 아니라 하나님이 주신 자존감이 내 안에서 다시 살아나기 시작했다.

창조적 자아형성을 위한 전제

첫째, 균형 잡힌 자아관을 확립하라.

균형 잡힌 자아관이 무엇일까? 이것은 성경이 우리에게 증언하고 있는 사실이다. Fact이다. 우리는 모두 타락한 죄인이다. 종교 개혁자들의 표현을 빌리면 'Totally depraved' 전적으로 부패한 전적으로 타락한 존재이다. 사실이다. 이것만을 묵상하면 인생은 살아갈 가치가 없다고 생각하게 되고 타락한 죄인을 잘못 묵상하게 되면 병적 열등감에 빠질 수가 있다. 그러나 타락한 죄인이라는 성경적 사실을 성경적으로 받아들이면 우리는 겸손하게 된다. 절대로 교만할 수가 없다. 내가 나를 알기에 겸손하게 된다.

그럼에도 우리는 하나님의 형상대로 지음을 받은 존재이다. 이것 또한 Fact, 즉 사실이다. 다시 말하면, 하나님의 작품이고 하나님을 닮은 존재라는 것이다. 나는 소중한 존재이기에 자존감을 가져야 한다. 타락한 죄인만 강조한 나머지, 자존감을 상실하게 되면 자기를 학대하는 비극 속에 빠지게 된다. 병적인 열등감 속에 빠지게 된다.

종종 그렇게 기도하는 사람들이 옛날에 참 많았다. "하나님, 저

천로역정 순례길의 크리스챤

를 마이크로만 써 주시옵소서." 그 뜻은 알겠지만 우리가 마이크보
다 못한 존재입니까? 마이크는 아무리 훌륭해도 기계에 불과한 존
재이다. 자유가 없다. 인격성이 없다. 우리는 마이크보다는 훨씬 더
좋은 존재이다. 옛날에는 이렇게 기도하는 사람들이 적지 않았다.
"하나님, 이 벌레 같은 존재가 오늘도 주님 앞에 나왔사오니." 나는
귀에 거슬렸다. 내가 정말 벌레만도 못 한가? 찬송가에도 나온다.
"이 벌레만도 못한…" 그래도 우리가 벌레보다는 낫다. 우리 자식
들이 부모님 앞에 나와서 "아버지, 어머니, 벌레만도 못한 자식이
오늘도 문안 드립니다." 그러면 부모로서 뭘 느낄까? "이놈아, 왜

네가 벌레만도 못해? 넌 내 자랑스러운 아들이야." 그렇게 말하지 않을까? 이 두 가지의 균형(Balance)이 필요하다. 둘 다 사실이다. 우리는 전적으로 타락한 존재이지만 그럼에도 불구하고 우리는 너무나도 소중한 하나님의 작품이다. 이것이 성경적 자존감이다.

그 동안 나는 두 가지의 어떤 쪽으로 자아상이 기울어져 왔을까? 잘못하면 지나친 열등감 쪽으로 또 잘못하면 지나친 우월감 쪽으로 기울어질 수가 있다는 말이다.

둘째, 창조 신앙에 의한 자기 가치를 발견하라.

창세기 1장 27절 "하나님이 자기 형상 곧 하나님의 형상대로 사람을 창조 하시되 남자와 여자를 창조하시고" 우리가 창세기 1장 창조의 과정을 보면 인간 창조의 독특성이 나온다. 다른 모든 만물과 피조물과 구별되는 독특성, 인간 창조의 독특성(Uniqueness)이 나온다. 인간만이 하나님의 형상대로 따라 지음 받은 존재이라는 것이다. 요즘 이 경계선을 없애려는 사람들이 많다. 인간과 다른 피조물이 별로 다르지 않다는 개념이 진화론에서 가장 파괴적 영향이라 생각한다. 결코 아니다. 우리가 다른 피조물과 구별되는 인간만의 고유한 특성은 우리 인간만이 하나님을 닮았다는 것이다.

뿐만 아니라 우리가 하나님의 아들이신 예수님을 만나고 예수님을 믿었을 때 주님이 우리에게 선언하시는 놀라운 사실이 있다. 에베소서 2장 10절 "우리는 그가 만드신 바라 그리스도 예수 안에서 선한 일을 위하여 지으심을 받은 자니 이 일은 하나님이 전에 예비하사 우리로 그 가운데서 행하게 하려 하심이니라" 2장 10절을 묵상할 때 이것이 8-9절 다음에 나오는 구절이다. 이것을 잊으면 안된다. 에베소서 2장 8-9절 "너희는 그 은혜에 의하여 믿음으로 말미암아 구원을 받았으니 이것은 너희에게서 난 것이 아니요, 하나님의 선물이라 행위에서 난 것이 아니니 이는 누구든지 자랑하지 못하게 함이라" 이것이 8~9절이다. 그리고 나서 우리는 구원받음으로 새롭게 지음 받은 존재라는 것이다. 우리는 하나님의 형상대로 지음을 받았지만, 거기다 하나님의 아들 예수님을 영접했을 때 새로운 존재로 새로운 피조물로 다시 지음을 받게 된다. 그 이유가 무엇일까? 그리스도 예수 안에서 선한 일을 위하여 지으심을 받았고 맡기시는 선한 일을 위임받았다. 하나님이 전에 예비하사 우리로 그 가운데서 행하고 성취해야 할 일이 있기 때문에 저와 여러분을 구원하셨다는 것이다. 우리는 그냥 태어난 존재가 아니라 하나님의 형상대로 지음을 받았고, 우리는 예수 안에서 주님이 기대하시는 그 일을 이루기 위해서 지음 받은 존재라는 것이다. 얼마나 소중한 존재인가? 이것이 우리의 사명이라는 것이다.

셋째, 구속 신앙에 의한 자기 회복을 신뢰하라.

로마서 8장 28-29절에 "우리가 알거니와 하나님을 사랑하는 자 곧 그의 뜻대로 부르심을 입은 자들에게는 모든 것이 합력하여 선을 이루느니라 하나님이 미리 아신 자들을 또한 그 아들의 형상을 본받게 하기 위하여 미리 정하셨으니 이는 그로 많은 형제 중에서 맏아들이 되게 하려 하심이니라"

하나님의 형상대로 지음 받은 우리가 타락한 존재가 되었다. 그런데 거기서 우리 인생의 드라마가 끝난 것이 아니고 하나님이 예수님을 보내주시며 우리를 구원하셨다. 왜 구원하셨느냐? 로마서 8장 29절 이하의 말씀에 의하면 그 아들을 본받게 하기 위해서 구원하셨다. 타락했을 때 하나님의 형상이 파괴된 것이다. 하나님의 형상이 파괴되었지만 완전히 파괴된 것이 아니다. 우리가 구원받는 순간 망가졌던 하나님의 형상이 회복되기 시작한다. 바울이 갈라디아서에서 갈라디아 교인들에게 "너희들의 하나님의 형상을 이루기까지 내가 해산하는 수고를 한다"고 쓰고 있다. 우리 안에서 하나님의 형상이 다시 회복되기 시작된다. 그 이유는 이는 그를 많은 형제 중에서 맏아들이 되게 하시고, 하나님의 형상 회복 정도가 아니라 맏아들로서 상속자로 서게 하기 위함이다. 하나님의 유산을 상속받고, 하나님의 놀라운 일을 이루게 하시기 위해서 하나님이 우리를 구원하셨다. 그렇게 쓰임 받을 존재라는 것을 다시 신뢰하는 것이 구속 신앙이다.

넷째, 종말 신앙에 의한 자아 실현을 소망하라.

사실 한국교회 안에 만연한 잘못된 종말 신앙에 의해 파괴적인 결과를 많이 가져왔다. 그러나 건강한 종말론에서는 종말의 순간은 '텔레이오스' 완성의 순간이다. 그리스도인에게 종말은 놀라운 하나님의 계획이 완성되는 순간이다.

요한일서 3장 2-3절, "사랑하는 자들아, 우리가 지금은 하나님의 자녀라 장래에 어떻게 될지는 아직 나타나지 아니하였으나 그가 나타나시면 우리가 그와 같을 줄을 아는 것은 그의 참모습 그대로 볼 것이기 때문이니 주를 향하여 이 소망을 가진 자마다 그의 깨끗하심과 같이 자기를 깨끗하게 하느니라." "사랑하는 자들아, 우리가 지금은 하나님의 자녀라." 창조주 하나님, 절대주이신 하나님, 그 하나님의 자녀란 말이다. 하나님의 자녀지만 장래에 어떤 모습이 될지는 아직 모른다. 그러나 재림의 주님이 다시 오시는 순간 그 재림의 모습에 나타날 가장 놀라운 약속이 우리가 그와 같을 줄을 아는 것이 그 분을 온전히 닮게 된다는 말이다.

　우리가 때때로 신앙생활을 하다 보면 자기 자신에 대한 자학이 다시 고개를 내미는 순간들이 없지 않아 있다. 내가 왜 이 모양일까? 이렇게 내 믿음이 발전하지를 못할까? 내 인격이 이 정도 밖에 되지 않는가? 우리의 성화는 때때로 우리가 생각한 것보다 훨씬 더 느리게 이루어지는 하나의 과정일지도 모른다. 그렇지만 성경은 이렇게 말한다. 어느 날 그와 같이 된다. 그분을 온전히 닮게 되는 그 순간이 온다. 그분이 다시 오실 때이다. 그래서 우리는 그분의 다시 오심을, 그분 앞에 서게 되는 그 날을 기다리고 소망한다. 이것이 종말론적 소망이다. 이 소망을 가진 사람은 어떻게 살아야 하는가? "그의 깨끗하심과 같이 자기를 깨끗하게 하느니라."라고 말씀하신다. 지금은 아무리 노력해도 몸부림쳐도 그분을 닮을 수 없으니 모든 소망을 다 포기할까? 그것은 아니다. 그분을 온전히 닮게 될 그 날이 있기 때문에 그분을 너무 닮고 싶은 마음이 있다면 지금부터 그분을 닮기 위해서 노력하는 우리의 삶이 시작될 수밖에 없다. 이것이 종말 신앙에 의한 자아실현의 가치이다.

　제기 아주 최근에 2-3주 안에 어버이 주일과 스승의 날을 지나며 그 식사자리에서 여러 가지 생각을 하며 시 두 편을 썼다. 하나는 어버이날에 어머니를 생각하면서 쓴 것이다. 우리 함께 나눈 이야기처럼 시각의 전환을 일으켜 부정적 자아상에서 창조적 자아상으로 변환된 이야기이다.

  스승의 날이 왔을 때 저를 스승이라고 성경을 가르친 친구들과 같이 나갔던 그 때 제가 또 한 편을 썼다. 여러분과 함께 나눈 창조적 자아 형성에 대한 제 고민이 여기에 묻었을 것이라 생각한다.

울 엄마, 울 어머니.

울 엄마, 울 어머니.
그 아련한 기억 속에 참으로 예쁘고 고왔던 엄마
친구들에게 자랑하고 싶었던 엄마
학교 들어가 집안이 기울어지며
자식들 먹이고 학교 보내고자
이 집 저 집 빚 얻으러 다닌 부끄러운 엄마
좀더 머리가 커가며 그래도 아버지 탓하지 않고
아버지 곁에 머물며 가정을 끌어안았던 엄마
더 이상 부끄럽지 않고 신기한 엄마
그런 엄마 안에 찾아오신 예수님
그분을 찬양함으로 웃음을 되찾은 엄마
자식들 자리잡기 시작하며 자식들을 자랑스러워하며
펴진 어깨에 힘 들어간 으쓱 엄마

엄마, 더도 말고 덜도 말고 백세 시대에 백세 채우고 가세요

그럼 나도 엄마 따라 백세 살고파

엄마에게 주신 하늘 은혜 나도 누리고파

엄마, 울 엄마, 어머니, 울 어머니.

유일한 한 분
스승 그 분

세상 살다 보니 날 스승이라고 하는 사람들이 있다

말도 안 되는 기막힌 말이다

내가 나를 아는데 내가 어떻게

내 죄와 내 허물을 어쩔 수 없어 십자가 앞에 엎드려

날 부인하고 날 위해 피 흘려 생명 주신 한 분

그 분만을 유일한 내 스승으로 삼았으니

제발 내가 스승이란 참담한 말 거두고

오직 한분 유일한 스승의 제자됨을 함께 기뻐하며

인생의 남은 날을 피차에 곁에 선 친구로만 살거나.

피차에 고해싱사하며

피차에 검사도 하고 변호사도 하고

그 어느 날 우리 재판관 된 주 앞에 설 때

우리 각자 안에 계신 한 분 스승만을 허우적거리고 바라보았다고

말하리라

친구들이 곁에 있어주어 그 스승 바라보기를 포기하지 않고 연습해

왔다고 말하리라

그래 모두의 스승이신 그분에게 감사를

합당한 감사를 그분에게만 바치오리다

이것이 바로 우리가 말한 타락한 실존이면서도 구원받은 존재로서 우리 안에 일하시는 성령을 따라 다시 오실 주님을 바라보는 사람들의 창조적 자아 형성의 과제가 아닐까 싶다.

IV. 창조적 자아상 회복을 위한 4단계 치유

1단계, 무의식적 자아의 치유 – 하나님과 평화함(Peace with God)

첫째, 하나님과의 갈등을 해결하라.

창조적 자아상 회복을 위한 네 단계의 치유과정이 있어야 한다. 이 치유 과정을 심리학자 '조 하리의 마음의 창'에 한번 적용을 시켜보았다. 조 하리는 우리의 자아상을 말하고 있는데 엄격히 말하면 네 가지 자아가 있다고 했다. 우선, 표면적 자아(Superficial Self)이다. 표면적 자아라는 것은 나도 보고 남도 보는 그러한 자아이다. 겉으로 드러난 표면적인 자아이다. 그런데 그 옆에 보면 숨겨진 자

아(Hidden Self)가 있다. 내가 숨기고 있기 때문에 나는 알고 있지만 다른 사람에게는 숨기고 있는 나이다. 다음으로 맹목적 자아(Blind Self)이다. 다른 사람은 나의 그 모습을 보지만 나는 못보는 내가 있다. 사람들이 밤낮 충고한다. "너 왜 그러니?" 그러는데 나는 나를 모른다. 사람마다 다 이와 같은 맹목성(Blind spot)이 있다. 다음으로 무의식적 자아(Unconscious Self)이다. 이것은 나도 못 보고 다른 사람도 못 보는 나이다. 그럼 누구만 알까? 하나님만 보는 나. 이것이 무의식 자아이다. 네 가지 전제 속에서 우리를 치유하는 건강한 자아형성이 필요하다.

첫째, 무의식적 자아이다. 나도 못 보고 다른 사람도 못 보는 나, 하나님만 보시는 나이다. 이것은 하나님과의 관계에서만 해결될 수 있는 영역이다. 무의식적 자아가 회복되기 위해서는 하나님과 내가 평화해야 한다. 하나님과 갈등이 없어야 한다. 성경적인 표현을 쓰면 화목이다. 하나님과의 평화(Peace with God)이다.

"1 그러므로 우리가 믿음으로 의롭다 하심을 받았으니 우리 주 예수 그리스도로 말미암아 하나님과 화평을 누리자 (또는 믿음으로서 있는 이 은혜에 들어감을 우리로 얻게 하신 우리 주 예수 그리스도로 말미암아 하나님으로 더불어 화평을 누리며) 10 곧 우리가 원수 되었을 때에 그의 아들의 죽으심으로 말미암아 하나님과 화목하게 되었은즉 화목하게 된 자로서는 더욱 그의 살아나심으로 말미암아 구원을 받을 것이니라"(로마서 5장 1, 10절) '우리가 원수 되었을 때'라는 말은 믿지 않는 사람들은 모르는 사실이다. 그러나 이 땅에 살고 있는 모든 사람은 죄 문제가 해결되지 못했기 때문에 하나님과 원수된 관계에 있게 된다. 그러나 예수님이 오셨다. 왜 오셨나? 하나님과 원수된 우리의 죄 문제를 해결하기 위해 예수님이 오시고 자신의 몸을 속죄의 제물로 드리심으로 우리가 그분의 십자가의 보혈로 죄 씻음을 받고 우리가 하나님과 화평하게 되었다. 그렇기 때문에 무의식적 자아를 치료받을 수 있는 사람은 불신자는 안 되고 신자만이 할 수 있는 것이다. 그리고 그렇게 치료를 받으려면 예수님을 영접하고 예수님을 믿어야 한다. 그래야 하나님과의 평화가 온다.

둘째, 하나님의 계획을 신뢰하라

거기서 끝나지 않고, 한 걸음 더 나아가서 하나님과 평화하려면 하나님의 계획을 신뢰해야 한다. 하나님의 계획은 시편 139편 13-17절에 이렇게 나타난다. "13 주께서 내 내장을 지으시며 나의 모태에서 나를 만드셨나이다 14 내가 주께 감사하옴은 나를 지으심이 심히 기묘하심이라 주께서 하시는 일이 기이함을 내 영혼이 잘 아나이다 15 내가 은밀한 데서 지음을 받고 땅의 깊은 곳에서 기이하게 지음을 받은 때에 나의 형체가 주의 앞에 숨겨지지 못하였나이다 16 내 형질이 이루어지기 전에 주의 눈이 보셨으며 나를 위하여 정한 날이 하루도 되기 전에 주의 책에 다 기록이 되었나이다 17 하나님이여, 주의 생각이 내게 어찌 그리 보배로우신지요 그 수가 어찌 그리 많은지요" 시편 기자는 이렇게 말한다. "내가 주께 감사하옴은 주께서 나를 지으심이 심히 기묘하심이라." 옛날 번역에는 "신묘막측하심이라"로 번역했다. 개정판에 "기묘하심이라"이라 하였다. 우리를 기묘하게 지으셨다. 영어로 Wonderfully made이다. 우리는 기묘하게 만들어진 작품들이다. 얼마나 신묘막측한 작품들이 와 있는지 한번 확인해 보라. 참으로 신묘막측한 작품들로 빼곡히 채워진 갤러리이다. 신묘막측하고 놀라운 작품들이다. 그걸 묵상하던 시편 기자가 하나님께 감사를 드리고 찬양을 드린다. 그것을 받아들인 사람만이 하나님이 놀라운 계획을 갖고 놀랍게 나를 지어주심을 믿는다. 에베소서 2장 10절에 "우리는 그가 만드신 바라"라고 말씀하신다. 여기 '만드신 바라'라는 부분이 희랍어의 포이에마(poiema)라는 단어로 되어 있다. 이 단어가 어디서부터 나왔을까? 우리가 포이에마라는 단어를 인지하지 못할지 모르지만 영어 단어 Poem이란 단어와 뿌리가 같다. 시, 즉 걸작품이란 말이다. 우리는 그냥 작품이 아니라 아주 신묘막측한 작품이란 말이다. 주님이 주님 안에서 그리스도 예수 안에서 우리를 만들었다. 왜? 하나님의 놀라운 일을 성취하도록 만들어 주신 걸작품이다.

하나님을 신뢰하면 내 무의식 속에서 치유가 진행된다. 우리도 모르는 사이에 하나님이 터치하신다. 저도 예수 믿고 나서 저도 모르는 사이에 우리 아버지도 안 밉고 엄마도 안 미워졌다. 하나님이 치유하신 것이며 성령이 일하신 것이다. 제가 막 고민해서 무엇을 어떻게 할까 해서 한 것이 아니라 무의식 속에서 행하신 일이다.

필그림 하우스, 메디타치오 채플 (침묵기도실)

2단계, 숨겨진 자아의 치유 - 하나님의 평화를 경험함(Peace of God)

첫째, 하나님께 죄를 자백하라.

또 하나의 영역이 있다. '숨겨진 자아'(Hidden Self)이다. 내가 숨기고 있는 자아이다. 내가 스스로 숨기고 있는 이 부분을 다른 사람은 모른다. 내가 이러한 인간이라는 것을 나는 안다. 제가 지은 시에 이런 구절이 있다. "내가 무슨 스승이야. 내가 나를 아는데. 내가 어떻게." 이것이 제 심정이다. 내가 숨기고 있는 어두운 부분들이 사람마다 다 있다. 나만 알고 있는 어두운 영역이 있다. 그래서 내 마음 속에 평화가 없을 때가 있다. 내가 하나님과 평화하고 있는 것 같지만 때로 하나님의 평화가 실제적으로 안 느껴질 때가 있다. 하나님의 평화는 주관적으로 경험해야 하는데 그분의 평화가 느껴지지를 않는다. 우리 안에 아직도 어두운 부분들이 있다. 그러면 어떻게 해야 할까? 그래서 우리에게 자백이 필요하다. 오픈해야 한다. 숨기지 말고 우리를 오픈해야 한다. 하나님께 먼저 자백해야 한다. 우리가 잘 아는 요한일서 1장 9절에 이렇게 말씀하신다. "만일 우리가 우리 죄를 자백하면 그는 미쁘시고 의로우사 우리 죄를 사하시며 우리를 모든 불의에서 깨끗하게 하실 것이요." 끊임없는 자백이 필요한 것이다. 늘 자기 성찰이 필요하고 하나님께 자백이 필요하다. 언제나 할 수가 있는 것이다. 그런데 불행한 사실은 우리가 안 한다는 것이다. 객관적으로 천주교인과 개신교인을 비교해보면 가톨릭 교인들이 개신교 교인들보다 정신 건강이 더 좋다. 왜 그럴까? 그분들은 고해성사를 한다. 나는 고해성사가 성경적이라고 생각하지 않는다. 성경에 사제에게만 가서 고백하라는 말이 없다. 우리는 서로 서로 고백할 수가 있다. 그런데 안 한다. 아니 하나님께 고백할 수 있다. 그런데 안 한다. 불건강한 것이다. 하나님 앞에 늘 자신을 오픈하고 살아야 한다.

둘째, 신뢰할 만한 성도들 앞에 죄를 고하라.

내가 신뢰할 수 있는 사람들이 있으면 그분들과 내 마음의 아픔, 어두움을 오픈하고 고백하는 것이 필요하다. "그러므로 너희 죄를 서로 고백하며 병이 낫기를 위하여 서로 기도하라 의인의 간구는 역사하는 힘이 큼이니라"(약 5:16) 너희 죄를 서로 고백하라. 서로 고백하라는 것이다. 부부 사이에도 못할 때가 많다. 그런데 그것을 우리가 오픈할 때 밝아진다.

3단계, 맹목적 자아의 치유- 이웃들과 평화함(Peace with Others)

첫째, 이웃의 충고를 수용하라.

세 번째, 맹목적 자아(Blind Self)가 있다. 다른 사람에게는 내가 보이기에 주위 사람들이 계속 충고하는데도 안 듣는다. 나 자신이 나를 보지 못하기 때문이다. 이웃들과 평화해야 한다. 이웃들과의 좋은 관계에서 그분들의 충고를 들을 수 있어야 한다. 이웃들의 충고를 수용하는 것이 중요하다. 잠언 12장 1절 "훈계를 좋아하는 자는 지식을 좋아하거니와 징계를 싫어하는 자는 짐승과 같으니라.” 잠언 13장 18절 “훈계를 저버리는 자에게는 궁핍과 수욕이 이르거니와 경계를 받는 자는 존영을 받느니라.” 내 주변에 나를 사랑하는 사람들이 보고 “야, 너 왜 그러니? 너 그러면 안 돼.” 그러면 “내가 그랬니? 나를 도와줘. 나를 고칠게.” 이렇게 되면 맹목적 자아가 건강해지는 것이다. 그런데 이웃과 단절하고 이웃의 말을 안 들으면 이웃과 평화하지 못하게 된다. 이웃의 충고를 잘 들어야 이 영역이 건강해질 수 있다.

둘째, 이웃들과의 열린 관계를 추구하라

막상 충고를 들으면 아프니까 거부한다. 충고 안 들으려고 그 친구를 거절한다. 그런데 성도의 교제 없이는 우리 인생은 결코 건강하게 살 수가 없다. 히브리서 10장 24-25절, “24 서로 돌아보아 사랑과 선행을 격려하며 25 모이기를 폐하는 어떤 사람들의 습관과 같이 하지 말고 오직 권하여 그 날이 가까움을 볼수록 더욱 그리하자” 서로의 아픔을 나누고 기도도 받고 기도해주는 진지한 기도의 교제가 필요하다. 그런데 리더가 될수록 이것을 못할 수가 있다. 리더가 더 고독하기에 사고가 나면 크게 사고가 날 수도 있다.

4단계, 표면적 자아의 치유 – 자신과의 평화(Peace with Self)

첫째, 바꿀 수 있는 삶의 영역을 개선하라.

마지막 네 번째 자아는 표면적 자아이다. 겉으로 드러나 있다. 나도 알고 다른 사람도 안다. 나도 보고 다른 사람도 본다. 치유의 목표는 자신과 평화(Peace with self)이다. 자기 자신과 평화해야 한다. 그러기 위해서는 자기 자신의 삶에서 바꿀 수 있는 영역들을 연구해야 한다. 노출된 부분이니까 그 부분을 고쳐 나가자. 에베소서 4장 25-32절, "25 그런즉 거짓을 버리고 각각 그 이웃과 더불어 참된 것을 말하라. 이는 우리가 서로 지체가 됨이라 26 분을 내어도 죄를 짓지 말며 해가 지도록 분을 품지 말고 27 마귀에게 틈을 주지 말라 28 도둑질하는 자는 다시 도둑질하지 말고 돌이켜 가난한 자에게 구제할 수 있도록 자기 손으로 수고하여 선한 일을 하라 29 무릇 더러운 말은 너희 입 밖에도 내지 말고 오직 덕을 세우는 데 소용되는 대로 선한 말을 하여 듣는 자들에게 은혜를 끼치게 하라 30 하나님의 성령을 근심하게 하지 말라. 그 안에서 너희가 구원의 날까지 인치심을 받았느니라 31 너희는 모든 악독과 노함과 분냄과 떠드는 것과 비방하는 것을 모든 악의와 함께 버리고 32 서로 친절하게 하며 불쌍히 여기며 서로 용서하기를 하나님이 그리스도 안에서 너희를 용서하심과 같이 하라." 우리가 읽은 이 본문에서 중요한 것은 우리가 버릴 것들이 쭉 나온다는 것이다. 그런데 성경은 버릴 것만 강조하지 않는다. 버리고 끝나서는 안 된다. 버린 그 곳에 심어야 할 새로운 것이 있다. 예를 들어서 거짓은 버리고 참된 것을 말하라고 한다. 거짓말을 안 했다고 해서 내가 참말을 하는 사람이 된 것이 아니다. 내가 거짓말을 잠시만 중단했지 내가 언제 또 거짓말을 할지 모른다. 그런데 거짓말하는 내 입에서 참말을 시작하게 되면 그 때는 더 이상 거짓말쟁이가 아니다. 도둑질하지 말아라. 도둑질 안 한다. 그렇다고 내가 도둑이 아닌 것이 아니다. 잠시 도둑을 중단하고 있는 것일 뿐이다. 성경은 도둑질하던 사람들에게 구제하라고 한다. 도둑질하던 손으로 남의 것을 빼앗던 손으로 이제는 구제를 시작할 때 나는 더이상 도둑놈이 아니다. 구제하는 사람, 나누는 사람이 된 것이다. 성경은 구체적인 대안, 대체를 우리에게 가르치고 있다. 바뀌어야 한다. 구체적으로 바꿔 나가야 한다.

둘째, 바꿀 수 없는 자신의 상황을 수용하라.

마지막, 그러나 우리가 바꿀 수 없는 상황도 있다. 아무리 노력해도 바뀌지 않는 상황들이 있다. 변하지 않는 상황이 있을 수가 있다. 우리의 어떤 습관, 상황, 환경 중에 잘 바뀌지 않는 것이 있을 수가 있다. 예컨대 바울 사도의 생애 가운데 육체의 가시, 그것은 아마 평생 함께했던 것 같다. 끝내 육체의 가시가 없어지지 않았다. 여러 가지 설이 있다. 혹자는 안질이다. 혹자는 간질이다. 정신적인 질환이다. 아니면 바울을 괴롭히던 유대 율법주의의 도전이다. 어찌됐든 바울을 괴롭히던 가시 같은 무엇인가가 있었다. 그 가시가 없어지도록 바울은 세 번씩이나 기도했다. 그러나 하나님의 응답은 "네 은혜가 네게 족하다. 어쩌면 그것이 너에게 필요할지 몰라. 그냥 그것을 있는 그대로 수용하면서 너는 일어서야 한다."라고 말씀하셨다. 그랬더니 바울이 하는 놀라운 고백은 "그렇다면 내 궁핍함, 내 연약함을 더 자랑하겠다. 그것 때문에 내가 주님을 더 가까이하고 높일 수가 있었으니까." 이었다.

셋째, 바꿀 수 있는 것과 바꿀 수 없는 것을 헤아리는 지혜를 구하라.

저는 그러한 의미에서 신학자 라인홀드 니버의 기도라고 알려진 이 기도가 참 기가 막히는 기도라고 생각한다. 이것이 제2장을 결론 짓는 아주 중요한 기도문이라고 생각한다. "제가 변화시킬 수 없는 일에 대해서는 그대로 받아들일 수 있는 평온을 주시고, 제가 변화시킬 수 있는 것들을 변화시키는 용기를 주옵소서. 그리고 이 두 가지 차이를 헤아려 아는 지혜를 주옵소서."

우리 안에 있는 아직도 우리가 드러내지 못하는 부분, 힘들었던 부분, 연약했던 부분이 있다. 저는 우리가 잘 아는 바울 사도의 놀라운 고백의 말씀을 여러분과 같이 가슴에 다시 깊이 품고 싶다. 갈라디아서 2장 20절 말씀에 "내가 그리스도와 함께 십자가에 못 박혔나니 그런즉 이제는 내가 사는 것이 아니오, 오직 내 안에 그리스도께서 사시는 것이라. 이제 내가 육체 가운데 사는 것은 나를 사랑하사 나를 위하여 자기 자신을 버리신 하나님의 아들을 믿는 믿음안에서 사는 것이라" 우리가 주님을 받아들이는 순간 우리의 옛날 자아는 십자가에 못박힌 것이다. 그러나 우리가 못박은 옛날 자아가 다시 살아나 우리를 괴롭히는 모습들을 본다. 바울은 십자가에서의 새로운 자아, 그가 예수님을 받아들였을 때 하나님께서 그에게 주셨던 새로운 자아를 생각한다. 우리가 예수 믿는다고 해서 우리가 완전히 없어진 것은 아니다. 바울은 여전히 '나'라는 단어를 쓴다. "이제 내가 육체 가운데 사는 것은 나를 사랑하사 나를 위하여 자기 자신을 버리신 하나님의 아들을 믿는 믿음 안에서." 여기에 굉장히 중요한 두 가지 단어가 나온다. 하나는 '사랑'이다. 십자가에서 자신을 그 외아들을 주시기까지 사랑했던 그 놀라운 설명할 수 없는 사랑이다. 나를 위하여 자기 자신을 버려 주신 그 사랑이다.

두 번째 단어는 '믿음'이다. 이제 우리는 하나님이 아들을 믿는 그 믿음 안에서 사는 것이라고 말하고 있다. 나를 사랑하신 그분 안에서 나는 살고 있는 것이다. 우리가 불평이 많지만, 또한 내 뜻대로 안 되는 것이 많다고 불만하고 있지만, 사역의 상에서도 장애물들이 있지만 그분을 믿는다면, 그분을 믿는 믿음 안에 거하고 있다면 무엇을 불평할 수 있을까? 우리가 무엇을 원망할 수 있을까?

조용히 기도해보자. 무의식의 자아, 하나님만 보시는 그곳 그 깊은 곳에 성령 하나님은 이미 들어가 계신다. 성령님, 만져주세요. 나도 모를 나, 내 무의식 속에서 성령이여, 지금 만져주십시오. 내 무의식을 만져주세요. 주님만이 하실 수 있어요. 나도 모를 그곳을 이 시간 주님이 만져주세요.

　이제는 내가 숨기고 있는 자아의 영역 속으로 들어가 보세요. 내 남편도 모르고 내 아내도 몰라요. 내가 숨기고 있는 그 어두운 곳, 그 영역을 주님 앞에 내놓습니다. 내가 그러한 인생인 것을 주님 아시죠? 내 숨겨진 자아를, 내 부끄러운 자아를 이 시간 주님께서 만져주세요. 나만이 알고 있는 죄가 있어요. 습관도 있어요. 만져주세요. 주님, 저를 용서해 주세요. 저를 만져주세요.

　이제 맹목적 자아의 영역으로 들어가 보세요. 아내가 남편에게 충고를 해요. 사랑하기 때문에 충고하는 거예요. 보이기 때문에 충고하는 거예요. 내 파트너가 충고하는 부분 그 블라인드 스팟을 그대로 두지 않겠습니다. 고치겠습니다. 도와주세요. 사랑하는 배우자의 손을 잡고 이제 얘기해보세요. 여보, 나도 당신이 나를 사랑하기 때문에 충고하는 거 알아요. 고칠게요. 고쳐 나갈게요.

　이제 마지막 우리의 표면적 자아, 겉으로 드러나 있는 부분을 우리가 손잡고 성령의 은혜로 고쳐 나가겠다고 성령님이 의사가 되시고 남편 또는 아내가 서로의 조수가 되어서 서로를 온전케 하겠다고 결단해보자. 주님 닮은 모습으로 주님 앞에 설 때까지 서로를 치료해가는 치료자가 되게 해 달라고, 그리고 "나는 내 아내의 치료자, 나는 내 남편의 치료자로서 그렇게 살겠어요."라고 기도해보자.

Ⅰ | 자아상의 긍정도 테스트(V표 하십시오.)

	항상 그렇다 (4)	자주 그렇다 (3)	가끔 그렇다 (2)	전혀 안 그렇다 (1)
1. 나는 나의 삶에 대해 불만을 느낀다.				
2. 나는 일이 잘못될 때 자신을 비난한다.				
3. 나는 나의 과거를 많이 생각한다.				
4. 나는 이 세상에 기여할 것이 별로 없다고 생각한다.				
5. 나의 현재의 고난은 나의 과거 때문이라고 생각한다.				
6. 나는 불필요한 죄책감을 갖고 있다.				
7. 나는 완전주의자이다.				
8. 나는 가정의 불화에 대해 책임감을 느낀다.				
9. 나는 스스로를 잘 용서 못한다.				
10. 나는 무능하고 무력하게 느낀다.				
11. 나는 나의 가능성보다 약점에 더 신경을 쓴다.				
12. 나는 나의 실수가 나의 결점에서 비롯된다고 생각한다.				
13. 나는 환경의 변화에 대해 위협을 느낀다.				
14. 나는 내가 변화될 수 없다고 느낀다.				
평가	4×( ) =( )	3×( ) =( )	2×( ) =( )	1×( ) =( )

총 :   점

- 해석 -

① 46점 이상 _____

② 32-45점 이상 _____

③ 18-31점 _____

④ 17점 이하 _____

◆ 부부가 서로의 자아상 총점에 대한 의견을 나누어 보십시오.

Ⅱ| 부정적 자아상

A. 원인

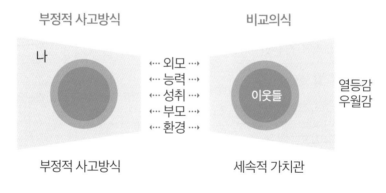

◆ 나의 성장 과정에서 부정적 자아상을 초래한 요인들은 무엇이었습니까?

_____

_____

B. 결과

1. 인간관계를 굴절시킵니다.

2. 삶의 순수한 동기를 파괴시킵니다.

3. 육체적 정신적 질병을 초래합니다.

4. 참된 신앙성장을 방해합니다.

◆ 위의 4가지 결과에서 나에게 가장 큰 영향을 끼친 부분은 무엇이었는
지 부부가 나누어 보십시오.

Ⅲ| 창조적 자아상

A. 원인

창조적 사고방식　　　　　　　　　　창조의식

나　　　←⋯ 외모 ⋯→　　하나님　　　자존감
　　　　←⋯ 능력 ⋯→
　　　　←⋯ 성취 ⋯→
　　　　←⋯ 부모 ⋯→
　　　　←⋯ 환경 ⋯→

성서적 자아상　　　　　　　　　성서적 가치관

B. 창조적 자아상 형성을 위한 전제들

1. 균형 잡힌 자아관을 확립하라.

　① 타락한 죄인(열등감)

　② 하나님의 형상(자존감)

◆ 나의 자아상은 어떤 쪽으로 기울어져 왔을까요?

_____

_____

2. 창조신앙에 의한 자기 가치를 발견하라.

　창세기 1:27

　하나님이 자기 형상 곧 하나님의 형상대로 사람을 창조하시되 남자와
　여자를 창조하시고

　에베소서 2:10

　우리는 그가 만드신 바라 그리스도 예수 안에서 선한 일을 위하여 지으
　심을 받은 자니 이 일은 하나님이 전에 예비하사 우리로 그 가운데서 행
　하게 하려 하심이니라

◆ 무슨 뜻일까요?

_____

_____

3. 구속신앙에 의한 자기 회복을 신뢰하라.

로마서 8:28-29

28우리가 알거니와 하나님을 사랑하는 자 곧 그의 뜻대로 부르심을 입은 자들에게 모든 것이 합력하여 선을 이루느니라 29하나님이 미리 아신 자들을 또한 그 아들의 형상을 본받게 하기 위하여 미리 정하셨으니 이는 그로 많은 형제 중에서 맏아들이 되게 하려 하심이니라

◆ 무슨 뜻일까요?

_____

_____

4. 종말 신앙에 의한 자아실현을 소망하라.

요한1서 3:2-3

2 사랑하는 자들아 우리가 지금은 하나님의 자녀라 장래에 어떻게 될지는 아직 나타나지 아니하였으나 그가 나타나시면 우리가 그와 같을 줄을 아는 것은 그의 참모습 그대로 볼 것이기 때문이니 3주를 향하여 이 소망을 가진 자마다 그의 깨끗하심과 같이 자기를 깨끗하게 하느니라

◆ 무슨 뜻인가요?

_____

_____

Ⅳ| 창조적 자아상 회복을 위한 4단계 치유

	타인이 본다	타인이 못 본다
내가 본다	④ 표면적 자아	② 숨겨진 자아
내가 못 본다	③ 맹목적 자아	① 무의식적 자아

※ 조 하리의 '자아성찰의 창' 참조

1단계 - 무의식적 자아의 치유

· 치유의 목표-하나님과 평화함 / Peace with God

1. 하나님과의 갈등을 해결하라(롬 5:1, 10).

로마서 5:1, 10

1 그러므로 우리가 믿음으로 의롭다 하심을 받았으니 우리 주 예수 그리스도로 말미암아 하나님과 화평을 누리자 10 곧 우리가 원수 되었을 때에 그의 아들의 죽으심으로 말미암아 하나님과 화목하게 되었은즉 화목하게 된 자로서는 더욱 그의 살아나심으로 말미암아 구원을 받을 것이니라

2. 하나님의 계획을 신뢰하라(시 139:13-17, 엡 2:10).

시편 139:13-17

13 주께서 내 내장을 지으시며 나의 모태에서 나를 만드셨나이다 14 내가 주께 감사하옴은 나를 지으심이 심히 기묘하심이라 주께서 하시는

일이 기이함을 내 영혼이 잘 아나이다 15 내가 은밀한 데서 지음을 받고 땅의 깊은 곳에서 기이하게 지음을 받은 때에 나의 형체가 주의 앞에 숨겨지지 못하였나이다 16 내 형질이 이루어지기 전에 주의 눈이 보셨으며 나를 위하여 정한 날이 하루도 되기 전에 주의 책에 다 기록이 되었나이다 17 하나님이여 주의 생각이 내게 어찌 그리 보배로우신지요 그 수가 어찌 그리 많은지요

에베소서 2:10
우리는 그가 만드신 바라 그리스도 예수 안에서 선한 일을 위하여 지으심을 받은 자니 이 일은 하나님이 전에 예비하사 우리로 그 가운데서 행하게 하려 하심이니라

◆ 이 문제가 해결되도록 각자 하나님께 기도하는 시간을 갖습니다.

_____

_____

2단계 - 숨겨진 자아의 치유

· 치유의 목표-하나님의 평화를 경험함 / Peace of God

1. 하나님께 죄를 자백하라(요일 1:9).

요한1서 1:9
만일 우리가 우리 죄를 자백하면 그는 미쁘시고 의로우사 우리 죄를 사하시며 우리를 모든 불의에서 깨끗하게 하실 것이요

2. 신뢰할 만한 성도들에게 죄를 고하라(약 5:16).

야고보서 5:16
그러므로 너희 죄를 서로 고백하며 병이 낫기를 위하여 서로 기도하라
의인의 간구는 역사하는 힘이 큼이니라

◆ 부부 사이에 혹시 최근의 삶에서 고백 되어야 할 과오가 있으면 서로

   나누겠습니다.

3단계 - 맹목적 자아의 치유

· 치유의 목표 - 이웃들과 평화함 Peace with others

1. 이웃들의 충고를 수용하라(잠 12:1, 13:18).

잠언 12:1
훈계를 좋아하는 자는 지식을 좋아하거니와 징계를 싫어하는 자는 짐승
과 같으니라

잠언 13:18
훈계를 저버리는 자에게는 궁핍과 수욕이 이르거니와 경계를 받는 자는
존영을 받느니라

2. 이웃들과의 열린 교제를 추구하라(히 10:24-25).

히브리서 10:24-25

24 서로 돌아보아 사랑과 선행을 격려하며 25 모이기를 폐하는 어떤 사람들의 습관과 같이 하지 말고 오직 권하여 그날이 가까움을 볼수록 더욱 그리하자

◆ 이웃들과 마음과 생각을 나누는 것에 대한 자신의 어려움이나 문제

 점들을 차례로 말해 보십시오.

4단계 - 표면적 자아의 치유

• 치유의 목표 - 자신과 평화함 / Peace with self

1. 바꿀 수 있는 삶의 영역들을 개선하라(엡4:25-32)

에베소서 4:25-32

25 그런즉 거짓을 버리고 각각 그 이웃과 더불어 참된 것을 말하라 이는 우리가 서로 지체가 됨이라 26 분을 내어도 죄를 짓지 말며 해가 지도록 분을 품지 말고 27 마귀에게 틈을 주지 말라 28 도둑질하는 자는 다시 도둑질하지 말고 돌이켜 가난한 자에게 구제할 수 있도록 자기 손으로 수고하여 선한 일을 하라 29 무릇 더러운 말은 너희 입 밖에도 내지 말고 오직 덕을 세우는데 소용되는 대로 선한 말을 하어 듣는 자들에게 은혜를 끼치게 하라 30 하나님의 성령을 근심하게 하지 말라 그 안에서 너희가 구원의 날까지 인치심을 받았느니라 31 너희는 모든 악독과 노함과 분냄과 떠드는 것과 비방하는 것을 모든 악의와 함께 버리고 32 서

로 친절하게 하며 불쌍히 여기며 서로 용서하기를 하나님이 그리스도 안에서 너희를 용서하심과 같이 하라

2. 바꿀 수 없는 자신의 상황을 수용하라(고후 12:7-10).

고린도후서 12:7-10

7 여러 계시를 받은 것이 지극히 크므로 너무 자만하지 않게 하시려고 내 육체에 가시 곧 사탄의 사자를 주셨으니 이는 나를 쳐서 너무 자만하지 않게 하려 하심이라 8 이것이 내게서 떠나가게 하기 위하여 내가 세 번 주께 간구하였더니 9 나에게 이르시기를 내 은혜가 네게 족하도다 이는 내 능력이 약한 데서 온전하여짐이라 하신지라 그러므로 도리어 크게 기뻐함으로 나의 여러 약한 것들에 대하여 자랑하리니 이는 그리스도의 능력이 내게 머물게 하려 함이라 10 그러므로 내가 그리스도를 위하여 약한 것들과 능욕과 궁핍과 박해와 곤고를 기뻐하노니 이는 내가 약한 그 때에 강함이라

● 각자 하나님 앞에서 아래의 기도문을 읽고 기도하겠습니다.

"하나님이시여 제가 변화시킬 수 없는 것들을 받아들일 수 있는 평온함을 주시고 제가 변화시킬 수 있는 것들을 변화시킬 수 있는 용기를 주옵시고 그리고 이 두 가지의 차이를 헤아려 아는 지혜를 주옵소서."(잠시 묵상합니다.)

좀 더 깊이 기도하는 시간을 갖습니다.

필그림 하우스

3장

창조적
부부생활

성서는 그리스도인들에게 있어서 삶의 교과서요, 안내서요, 나침반입니다.
우리는 말씀으로 거듭났으며(벧전 1:23)
말씀에 의지하며 영적으로 자라가고 있으며(벧전 2:1),
말씀의 인도를 받아 삶의 행보를 옮겨가고 있습니다.(시 119:105),
그렇다면 당연히 그리스도인의 부부의 삶도
이 말씀에 의해 만들어져야 할 것입니다.
가장 행복한 부부는 성서적으로 살아가는 부부인 것입니다.

부활

Holy Pilgrimage for a Couple

아파치 인디언의
결혼 축시 Apache Wedding Blessing

이제 두 사람은 비 맞지 않으리라.

서로가 서로에게 지붕이 되어 줄테니까.

이제 두 사람은 춥지 않으리라.

서로가 서로에게 따뜻함이 될테니까.

이제 두 사람은 더 이상 외롭지 않으리라.

서로가 서로에게 동행이 될테니까.

이제 두 사람은 두 개의 몸이지만

두 사람의 앞에는 오직

하나의 인생만이 있으리라.

이제 그대들의 집으로 들어가라.

함께 있는 날들 속으로 들어가라.

이 대지 위에서 그대들은

오랫동안 행복하리라.

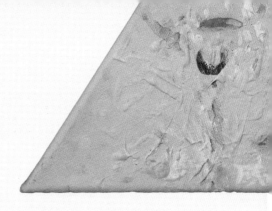

Now you will feel no rain,

For each of you will be shelter to the other.

Now you will feel no cold,

For each of you will be warmth to the other.

Now there is no more loneliness,

For each of you will be companion to the other.

Now you are two bodies,

But there is one life before you.

Go now to your dwelling place,

To enter into the days of your togetherness.

And may your days be good and long upon the earth.

3장 | **창조적 부부생활**

세 번째 강의는 창조적 부부생활이다. 여기서 창조적이라는 말
은 창조 중심 하나님의 계획을 따라 살아가는 그러한 부부생활을
의미한다. 성서는 그리스도인들에게 있어서 삶의 교과서요, 안내
서요, 나침반이다. 우리는 말씀으로 거듭났으며 말씀에 의지해서
영적으로 자라가고 있으며 말씀의 인도를 받아 삶의 행보를 이어
가고 있다. 그렇다면 당연히 그리스도인의 부부의 삶도 이 말씀에
의해 만들어져야 할 것이다. 가장 행복한 부부는 성서적으로 살아
가는 부부일 것이다.

Ⅰ. 결혼의 연합성, 부부의 근접도 테스트

실제로 이 표에서 보는 것처럼 결혼의 연수가 늘어갈수록 친밀감은 사라지고 부부가 가지고 있는 역할만이 남는다. 예를 들어 70대 노부부는 어떻게 보면 가장 홀가분한 자유를 누릴 수 있다. 어느정도 가계도 이루었고 자녀도 출가시켜 더 이상 부모의 책임을 감당하지 않은 상태에서 즐겁게 부부생활을 할 수 있지만 표에서 보는 것과 같이 친밀감이 거의 없고 역할만 남아 있을 때 부부는 불행하다. 아내는 3박 4일 친구들과 단풍구경을 떠나고 남편은 기원으로 가서 바둑에만 열중하는 따로 국밥 신세가 되는 것이다. 부부 친밀감이 제로이고 부부 역할수행만 남는다는 70대, 그때부터 30년을 더 그 남편과 그 아내와 살아야 한다니 잘만 꾸려 간다면 그렇게도 재미지고 좋다는 부부생활이 얼마나 재미 없겠는가? 중

10~70대까지의 역할수행과 친밀감의 비율

	역할수행(Role-performance)	친밀감(Intimacy)
70대	← →	
60대	← →	5%
50대	← →	20%
40대	← →	30%
30대	← →	40~50%
20대	← →	70~80%
10대	← →	90%

요한 것은 결혼의 지속연수가 길어짐에 따라 함께 친밀감을 채우기 위한 노력이 필요하다는 것이다. 역할만 남은 부부는 무늬만 부부이며 앙꼬 없는 찐빵이며 그것은 불행의 단초가 된다.

　우리 부부가 얼만큼 가까운지를 측정하는 것이 근접도, 영어로는 intimacy, 친밀성이라고 한다. 부부생활을 두 축으로 본다면 한 축은 역할이고 한 축은 친밀도라 할 수 있다. 친밀도, 근접도를 테스트를 한번 해보겠다. (128p 근접도 테스트) 가까이 살아간다는 것은 굉장히 중요한 일이다. 나를 시험하는 과정들은 우리가 창조주의 계획을 따라 우리의 삶을 만들어 가기 위해서 꼭 필요한 것이다. 거기에 보면 다섯 점수의 유형이 있다. '거의 그렇게 하지 않는다.' '가끔 그렇게 한다.' '보통 그렇게 한다.' '자주 그렇게 한다.' '너무나 많이 그렇게 한다.' 남편들은 남편 것을 먼저 평가하시고 그 다음에 남편들은 아내를 생각하면서 내 아내는 이런 것 같다고 아내를 평가하면 된다. 아내들은 아내 것을 먼저 하시고 그 다음에 내 남편은 이런 것 같다. 이렇게 한 번 해 보시길 바란다.
　1번부터 시작해서 20번까지 서로 비교해보면서 남편은 아내를 이렇게 평가했는데 아내는 남편을 이렇게 평가했다. 우리가 서로 다르게 평가한다. 그러면 어떤 부분을 다르게 평가했는지 이야기를 해보자. 부부가 함께 대화하면서 이해의 차이가 왜 생겼을까? 한번 대화하면서 찾아보길 바란다. 평가한 부분 중 일치한 부분에 대해서는 서로가 다 이해를 잘 한 것이니 지나가고 차이가 많이 난 부분에 대해서만 이야기를 해보자.

17번에 "자녀의 올바른 행실은 어머니가 가르쳐야 한다. "부분에서 어떤 분이 저에게 그것이 도대체 무슨 소리냐고 반박하였다. 자녀는 대부분의 시간을 어머니와 함께 보낸다. 그런데 시간만 보내는 것인지 아니면 방향을 제대로 설정해주고 있는지 무언가를 교육하고 있는지 그것을 의미하는 것이다. 또 16번에 "아내가 직업을 갖는 일에 찬성하고 지원한다."라는 문항이 나온다. 요즘은 부부가 다 직업을 갖는 케이스가 상당히 많지만 또 많은 경우에는 아직도 아내가 직업을 갖지 않고 가정에서 아이들과 함께 있는 경우도 많다. 서로의 직업이 어떠하든지 중요한 것은 서로가 서로를 평가해주면서 차이가 나는 부분을 가지고 대화하는 것이 중요하다.

II. 결혼의 언약성, 하나님의 중매로 부부 됨

예수께서는 마태복음 19장 5-6절에서 결혼의 사건을 설명하고 계신다. "5 말씀하시기를 그러므로 사람이 그 부모를 떠나서 아내에게 합하여 그 둘이 한 몸이 될지니라 하신 것을 읽지 못하였느냐 6 그런즉 이제 둘이 아니요 한 몸이니 그러므로 하나님이 짝지어 주신 것을 사람이 나누지 못할지니라 하시니" 이 말씀에서 예수님께서는 '결혼은 하나님이 짝지어 주시는 것이다'라고 하셨다. 결혼의 언약성이 여기에 있다. 사람이 나누지 못한다는 것이다.

첫째, 하나님이 짝지어 주시는 사건

결혼은 어떤 과정을 겪어왔던 하나님이 짝지어 주시는 것이다. 하나님의 개입이 반드시 있다. 우리 그리스도인들은 더더욱 이것에 관해서 간증이 있을 것이다. 각 부부마다 독특한 스토리가 있을 수 있다. 저도 설교 시간에 우리 부부의 스토리를 이야기한 적이 종종 있었는데 저는 결혼 전에 사실은 좋아하던 여인이 따로 있었다. 그래서 아내에게 늘 물어보곤 하였다. "그녀에게 무슨 선물을 하면 좋으냐?" 그래서 제 아내가 그 사이에서 심부름을 다녔다. 그런데 마지막에 그녀는 자기는 목사 부인이 될 수가 없다. 자기는 목사 사모의 사역이 힘들고 괴롭다고 해서 도망가듯 일본으로 유학을 갔다. 그녀는 나중에 S대학교 교수가 되었지만 어쨌든 그녀가 떠나고 난 후에 늘 제 곁에 있어주던 아내가 새롭게 발견이 되었다. 제자로서 늘 곁에 있었지만 제 아내가 될 사람으로 생각해 본 적이 없었는데 제 사역의 파트너로 참 적합한 사람이었다 라는 것이 깨달아지면서 제 마음속에서 처음에 데이트하던 여자가 지워졌다. 정말 하나님이 인도하셨다라는 간증을 하게 되었다. 여러분도 이와 같은 간증이 다 있을 것이다. 그래서 이런 노래도 있지 않는가? "우리 만남은 우연이 아니야." 저는 이게 복음성가에 들어가야 한다고 생각한다. 실로 성경적이다.

예수님께서 결혼관을 말씀하신 이 부분 중에서 중요한 3가지 포인트가 있다. 첫째는 "부모를 떠나서" 두 번째는 "합한다" 세 번째는 "한 몸이 될 지니라." 이것을 영어로 읽어보면 더 실감이 난다.

떠난다는 영어로 'leave'이다. 아내에게 합한다고 할 때 'cleave'가 된다. 둘이 한 몸이 된다고 할 때 'weave'이다. 영어 단어로 리듬이 있고 운율이 있다. 'Leave. Cleave. Weave.' 이렇게 세 단어가 나란히 나온다.

둘째, 한 남자가 부모를 떠남으로 이루어지는 사건

첫째로 한 남자가 부모를 떠난다. 떠남으로써 이루어지는 것이 새로운 가정, 결혼이라는 것이다. 결혼을 했는데도 불구하고 자신의 생각과 정신이 부모에게 매여 있는 남편이 있다. 그러한 남편을 보고 우리는 마마보이, 파파보이라고 한다. 반대로 아내도 그럴 수가 있다. 여인도 친정을 떠나지 못해 주야로 친정 엄마만을 묵상하고 남편보다도 친정 엄마와의 관계가 더 우선시될 때가 있다. 두 사람 사이의 관계가 온전치 못한 것이다. 떠나야만 진정한 가정이 형성이 되는 것인데 떠나지 못한 것이다.

셋째, 한 남자와 한 여인이 한 몸으로 연합하는 사건

그 다음에 떠나서 'Cleave', 합한다는 것이다. 한 남자와 한 여인이 한 몸으로 합한다는 것이다. 우리가 방금 테스트를 했는데 테스트를 한 이유가 우리는 얼마나 하나가 됐는지 아직도 우리 사이에 얼만큼의 생각의 거리가 있는지 측정해 보는 것이다. 한 몸으로 연합한다는 것이 성적으로만이 아니라 정신적으로 인격적으로 우리의 삶 속에서 하나가 되었는가 하는 것이다 결혼의 연합성이 여기에 있다. 하나님이 짝 지워 준 결혼을 인간의 의지로 깰 수 없다는 결혼의 언약성과 서로 돕는 배필이 되어야 한다는 결혼의 상보성과, 지금 언급하는 결혼의 연합성, 이 세 가지가 결혼의 3대 원리이다.

넷째, 부부가 서로를 향해 하나 되어 가는 연속적인 과정의 사건

그 다음에 'Weave'이다. 결혼은 평생 한 몸이 되어가는 과정이다. 아직도 그 과정은 끝나지 않았다. 영어에서는 한 몸이 된다는 것을 'becoming one', '하나가 되어 간다'고 한다. 우리가 결혼 생활을 영위하고 있는 한, 하나가 되어가는 과정이다. 지금도 그 과정을 밟고 있는 것이다. 연속적인 과정이다. 우리의 연합이 온전해지기 위해서 아직도 하나 되지 못한 부분이 무엇인가? 깨닫고 노력하는 과정이 필요한 것이다. 우리 잠깐 이것(이 세 단계: 떠난다. 합한다. 하나 된다.)을 보면서 부부가 정말 노력해야 하는 부분이 무엇인지 잠깐만 대화해보는 시간을 갖도록 하겠다.

Ⅲ. 부부생활의 로맨스, 정열의 불꽃 메노라의 불빛은 언제 꺼질까?

로맨스라는 것이 부부생활에서 무엇보다 중요한 요소이다. 로맨스를 정의하면 이상적인 사랑, 'Ideal love'를 추구하는 그 마음의 불꽃, 열정이다. 이 정열의 불이 살아 있을 때 부부 간에 서로를 갈구하는 건강한 사모함으로 성숙해 갈 수가 있다는 것이다. 옛날 하나님의 성소 안에는 성막이나 장막 혹은 회막으로 불리던 그 성소 안에 '메노라'라고 불리는 금촛대가 있었다. 메노라는 이스라엘 사람들에게는 국가의 상징이기도 하고 신앙의 상징이기도 한 매우 중요한 것이다. 삶의 등불과도 같은 것이다. 성소로 들어가면 거기에 떡상이 있고 메노라가 있다. 메노라는 제사장이 돌보고 지킨다. 제사장이 성소에 들어가 매일 아침과 저녁으로 그 촛대를 돌보고 거기에 감람유를 공급함으로써 거기서 항상 불빛이 비춰서 항상 성소를 비추게 해야 한다. 그런데 그 일에 태만하면 불꽃이 꺼질 수도 있다. 우리는 가정이라는 성소가 항상 따뜻한 하나님의 빛으로 채워지기 위해서 우리가 부부 제사장으로서 서로를 향한 책임을 다하고 있는지를 살펴야 한다. 메노라의 불빛이 꺼지는 경우의 다섯 가지 케이스가 있다.

메노라의 불빛이 꺼지는 다섯 가지 케이스

첫째, 소명 의식을 상실할 때

내가 왜 성소에 있어야 하는지 모를 때, 내가 남편으로서 가장으로서 내가 왜 여기에 존재해야 하는지를 잊었을 때, 내가 남편이면서 아내이면서 이 가정에 왜 존재해야 하는지 망각할 때가 있다. 그러면 가정인으로서의 책임을 등한시할 수밖에 없는 것이다. 우리가 하나님의 일에도 소명의식이 필요하지만 가정 생활에도 소명의식이 필요하다. 우리가 결혼한 이상 남편이고 아내이고 아빠이고 엄마란 말이다. 그것은 포기할 수 없는 소명이다.

둘째, 책임감(Sense of responsibility)을 망각했을 때

메노라가 꺼지지 않고 불빛을 비추려면 계속 감람유를 공급해 주어야 한다. 감람유가 없으면 불이 꺼진다. 감람유를 채워주는 것은 제사장의 책임이다. 그러나 제사장인 자신의 책임을 망각해버리면 불은 꺼지기 마련이고 불이 안 보인다. 우리 가정이 어두워졌다는 것은 우리 가정에서 누군가가 책임을 망각한 때문이다.

셋째, 제사장 상호 간의 의사소통의 혼선이 되었을 때

이것은 서로에게 책임을 미루는 경우이다. 서로 저 사람이 하겠지, 그러다 보면 커뮤니케이션에 혼선이 생긴다. 그러다 보면 아무도 안 하게 된다. 그러다 결국 불빛을 잃어버린다는 말이다. 이러한 의사소통의 혼선이 우리 가정에서 부부의 로맨스를 잃어버리게 만드는 또 하나의 원인이 된다.

넷째, 경제적 관리를 실패했을 때

우리가 인생을 살아가는 동안에 돈은 꼭 필요한 것이다. 제가 잘 아는 장로님 중에 시카고에 김동윤 장로님이 계신다. 회계사이신데, 교회마다 다니면서 경제세미나를 하신다. 옛날 책인데 책 제목이 《나는 예수님 다음으로 돈이 좋아요》이다. 솔직하다. 돈은 필요한 것이다. 우리가 돈을 싫어한다고 하면서도 정작 돈이 없으면 우리는 인생을 살아갈 수가 없다. 중요한 것은 우리가 돈에 대해서 청지기적 관리(management)를 잘 하느냐가 중요한 것이다. 우리가 메노라의 기름 얘기하고 있는데 기름을 잘 사두고 비축해야 우리가 언제라도 그 메노라에 기름을 공급할 수가 있다. 계시록에서 보면 환란의 시기가 오면 기름값이 뛰고 그러면 기름을 공급하지 못하는 비극이 일어나게 됨이 언급되고 있다. 그러나 우리가 잘 관리한다면, 잘 비축한다면 비축을 위한 비축이 아니고 제대로 잘 사용하기 위해 비축한다면 좋은 일이다. 칼빈은 오병이어의 기적을 해석하면서 남는 것이 없도록 하고 버리는 것이 없도록 거두라는 말씀에서 저축의 원리를 찾았다. 저축할 줄도 알아야 한다. 어떤 사람들을 저축을 막 공격하는 사람들이 있다. 크리스천들이 하나님 믿는 사람들이 잘 써야지 왜 저축하냐고 묻는 사람들이 있다. 그러나 적절하게 자기 인생을 배분해서 앞으로 내가 써야 할 것이 있고 또 은퇴하면 필요한 것이 있을 수가 있다. 그것을 무시하면 안 된다. 잘 배분해서 지혜롭게 관리를 한다는 것은 꼭 필요한 일이다. 그러나 또 하나의 기억해야 할 청교도적 신학 중 하나가 우리가 죽었을 때 너무 많이 남기고 숙는 것은 부끄러운 일이라는 것이다. 그래서 자신의 죽음을 의식했을 때 자신의 재산을 배분하고 나누고 또 기부하고 또 헌금해서 하나님 앞에 깨끗하게 쓰고 가는 것이 필요한 일이다.

다섯째, 외부에서 적들이 침투했을 때

우리가 이스라엘 역사를 읽어보면 소위 마카비 시대 직전에 저 시리아에 유명한 안티오커스 에피파네스 4세가 이스라엘을 점령한다. 3년 반 동안 이스라엘을 점령했다. 그들이 성전에 들어가서 제일 먼저 한 일이 메노라를 치우는 일이었다. 이스라엘 사람들이 혐오하는 돼지 대가리 같은 것을 갖다 놓고 엉망으로 만들었다. 마카비 형제들이 일어난 원인은 바로 성소를 회복하기 위해서였다. 메노라의 불빛을 다시 켜는 일이다. 그 절기가 바로 수전절이다. 수전절이라는 절기는 제가 미국에서 살 때 보니 그 절기가 크리스마스와 비슷할 때 오는데 하누카라고 한다. 이 사람들이 열심히 크리스마스를 지키나 했는데 그게 아니라 하누카를 지키는 것이었다. 불빛을 켜는 것이다. 다시 성전이 회복되었다는 것을 알리는 상징이다. 가정이라는 성소가 행복이란 빛을 발하기 위해서는 우리 가정에 외부로부터 적들이 침투하지 못하도록 해야 한다. 남편과 나 사이에, 아내와 나 사이에 침투하는 제3의 인물이 없어야 한다. 그것이 지켜지지 않으면 전쟁이 시작된다. 그래야지 우리의 부부의 로맨스가 지켜진다는 말이다. 이 다섯 가지 중에 우리 부부가 신경 써야 할 부분이 없을까 한번 같이 이야기 나눠보자. 우리가 살다 보면 어느 부분은 느슨하게 나타날 수 있다.

Ⅳ. 부부의 책임

아내의 책임과 남편의 책임을 성경에서 보면 하나님이 부부관계에서 우리에게 교훈을 주실 때 아내를 향한 명령어는 '순종하라'이고 또 남편을 향한 가장 중요한 명령어는 '사랑하라'이다. "사랑하라.", "순종하라." 그 두 가지이다. 이것은 일방적으로 아내에게만 순종을 강조하고 남편에게만 사랑을 강조한 것이 아니다. 부부가 함께 순종해야 한다. 부부가 함께 사랑해야 한다. 창조주 하나님은 남녀를 차이점을 가지고 만드셨다. 소위 인본주의 심리학(Secular psychology)의 가장 큰 문제점은 남녀 사이의 차이점을 인정하지 않는다는 것이다. 요즘 모든 가르침이 차이점을 없애는 것을 평등으로 이해한다는 말이다. 부부 사이의 평등, 남녀 사이의 평등을 외치면서 겨우 하는 것이 화장실 같이 쓰는 것이다. 따로 쓰지 말고 함께 쓰면 여성들이 더 불편해진다. 요즘 미국에서도 같이 써야 한다고 해서 다 없애고 있다. 손해보는 것은 여성들이다. 여성들이 더 위험하단 말이다. 그래서 성경은 우리가 평등해야 하지만, 하나님이 우리를 다르게 지으셨다는 사실을 인정하고 받아들여야 한다고 말씀한다. 그렇기 때문에 함께 순종하고 함께 사랑해야 하지만, 아내는 순종에 조금 더 노력을 하고 그리고 남편은 아내 사랑을 위해서 노력해야 한다. 그래야 남녀를 다르게 지으신 하나님의 완벽한 하모니를 우리가 이룰 수 있다고 생각한다.

아내가 성경적으로 순종하는 것을 배울 때 남편으로 하여금 사랑을 자극하고 남편의 돌봄을 자극해서 남편을 남편 되게, 멋진 남편 되게 한다. 남편은 사랑이다. 정말 아내를 사랑하게 되면 어떤 일이 벌어질까? 아내의 순종을 자극한다. 정말 희생적으로 사랑하는데 그런 남편을 위해서 아내가 못할 일이 뭐가 있겠나. 존경을 자극한다. 그래서 멋진 하모니를 이루게 된다.

남편에 대한 아내의 책임 - 순종하라.

첫째, 남편을 리더로 인정하라

우리가 어떠한 공동체이든지 리더는 꼭 필요하다. 리더가 꼭 잘난 것은 아니지만 리더십은 꼭 필요한 것이다. 하나님은 한 가정의 리더로 남편을 세우셨다. 변함없는 성경의 가르침이다. 성경의 표현을 그대로 빌리자면 남편을 가정의 머리로 세우셨다. 남편을 머리로 세우셨다고 하니까 싫어하는 자매들이 있다. 오래전 세미나 할 때 남편이 머리라면 아내는 뭔지 아느냐고 물었다. 그래서 뭐냐고 물었더니 목이라고 대답했다. 머리는 목으로 다 움직인다. 'Wife is the neck'이라는 것이다. 남편이 리더인데 남편을 머리 되게 하는 것은 아내이다. 목이 유연할수록 머리도 유연해진다. 사실 남편을 온전히 리더로서 인정하게 되면 남편이 자기를 따라오는 아내를 목숨을 걸고 보호하고 사랑하고 싶어진다. 돈키호테에서 보면 자기가 사랑하는 여자를 위해서 창을 들고 풍차까지 공격하면서 보호한다. 그것이 남자다. 그렇게 만드는 것은 여자라는 말이다.

둘째, 남편의 이야기를 가능한 잘 들어주라.

순종한다는 말이 원래 희랍어의 두 가지 단어의 결합이다. 무엇의 아래라는 전치사, 그리고 듣는다라는 '아쿠오'라는 단어의 결합이다. 그래서 순종이라고 하는 것은 무조건적인 항복이 아니다. 경청이다. 경청은 남편에 대한 존경의 표현이다. 그래서 성경에서는 "남편을 경외하라"라는 말로 끝난다. 경외라고 해서 그렇게 놀랄 필요는 없다. 그냥 존경하라는 말이다. 존경과 존중의 시작은 경청으로 시작한다. 잘 경청할 때 존경이 시작된다.

셋째, 남편을 존중하는 태도, 경외하는 태도를 가져라

심리학자는 모든 남자의 마음속 밑바닥에는 아내로부터 존경을 받고 싶어하는 존경 콤플렉스를 갖고 있다고 말한다. 모든 남자가 나를 존경해 달라고 갈망한다. 최소한 이 땅에 한 사람이라도 나를 존중하는 사람이 있다는 것을 아는 남자는 결코 좌절하지 않는다. 그러나 나와 가장 가까운 사람도 나를 존중하지 않는다면 이 남자는 설 곳이 없다.

존 가트만이라는 부부학자가 이혼의 예측인자가 무엇일까 하여 실험실에 3500쌍을 넣고 실험한 결과 이혼의 예측인자는 다름아닌 존중 대신 경멸, 요청 대신 비난, 대화 대신 담 쌓기, 인정 대신 방어였다고 한다.

넷째, 남편에게 아름다운 존재가 되라.

남편에게 순종하라는 말은 남편에게 아름다운 존재가 되라는 이야기도 된다. 베드로전서 3장 3-4절에 보시면 아내들이여, 너희는 단장을 해야 한다고 말씀하신다. 그런데 여기에서 단장은 머리를 꾸미고 금을 차고 아름다운 외모로 하는 단장이 아니다. 내적인 인격의 아름다움(Inner beauty)을 가지라는 의미이다. 그렇다고 해서 외모를 단정하지 말라는 말은 아니다. 영어 성경 중에서 NASV에 보면 "not be merely external"이라고 나와 있다. 겉으로도 꾸미지만 외모도 중요하다는 말이다. 나는 여인들에 대하여 잘 이해할 수 없는 것이 있다. 왜 밖에 나갈 때만 화장을 하나? 누구를 위한 화장인가? 남편에게 좀 이쁘게 보이면 안 되나? 제가 그러니까 어떤 자매가 항의를 했다. "목사님, 왜 자꾸 외모를 강조를 하세요? 성경에 보면 하나님은 중심을 보신다고 하셨는데 어쩌자고 외모를 강조하세요?" 그래서 제가 대답했다. "그 말씀 참 잘하셨어요. 그 말씀 그대로 인용해보세요. 사람은 외모를 보거니와 나 여호와는 중심을 보느니라. 그러나 당신의 남편은 여호와 하나님이 아니고 사람이라는 것을 기억하십시오." 항상 같이 있는 여자가 그냥 어수선하고 이상한데 밖에 나가면 예쁜 여자들이 눈에 들어오게 된다는 것이다. 그러니까 남편의 흔들림이 거기서부터 시작된다는 말이다. 그런데 아내의 단장을 얘기할 때 그 단장이라는 단어도 재미있다. 그게 희랍어에 코스모스라는 단어로 되어 있다. 코스모스가 우주라는 뜻이다. 우주의 질서에서 단장이라는 단어가 나온 것이다. 단장을 안 한다는 말은 질서가 혼란스러워지는 것이다. 질서가 어지럽혀진 여인을 두고 평생을 봐야 하는 남편의 고통과 고민을 여러분은 아는가? 그러니까 남편은 아내들을 향해 이렇게 얘기해 보자. "나를 위해 화장도 좀 하세요." 화장품도 안 사주면서 그런 소리 한다고 비판받을 수도 있긴 하지만 말이다.

다섯째, 남편의 적극적인 성생활의 파트너가 되라

우리가 부부가 된다는 것에는 육체적인 요소가 있다. 한 몸이 된다. 연합한다. 그것을 통해서 진정한 하나가 된다는 말이다. 한 가지만 기억하라. 여러분의 남편에게 아내라는 존재는 성적인 필요를 채워줄 수 있는 유일한 합법적인 파트너란 사실 말이다. 그런데 그것이 채워지지 않으면 어떻게 되겠는가? 다른 곳에서 찾기 시작하면서 위기가 시작된다. 아내들에게 있어서 남편이라는 존재는 또한 성적인 필요를 채워줄 수 있는 유일한 합법적인 파트너란 뜻이다. 그래서 고린도전서 7장에 보시면 네 남편에 대한 아내의 의무를 다해라. 이 때 이 의무라는 단어는 "sexual", 성적인 의무를 뜻하는 단어이다. 성경은 이것을 절대로 숨기지 않고 말하고 있다.

부부의 책임 중 아내의 책임 5가지를 남편이 아내에게 평가를 한번 해 주길 바란다.

아내에 대한 남편의 책임 - 사랑하라

아내에 대한 남편의 책임은 한 마디로 하면 "사랑하라"하는 것이다. 그러나 사랑한다는 것이 무엇을 의미하는지, 어떻게 사랑할 수 있는지 모른다는 것이다. 부부생활에 관해서 좋은 책 중에 하나가 《5가지 사랑의 언어(The Five Love languages)》라는 책이 있다. 참 좋은 책이다. 사랑한다고 말하지만 상대방에게 사랑한다는 말이 이해가 되지 않고 통하지 않는다는 것이다. 상대방이 알 수 없는 사랑의 언어를 쓰고 있기 때문이다. 게리 챕프만은 사랑의 5가지 언어는 칭찬하는 말, 함께하는 시간, 봉사, 선물, 스킨십이 있다고 말한다. 이 5가지 중에서 나의 배우자가 제일 좋아하는 사랑의 언어가 내 배우자의 첫 번째 사랑의 언어이다. 그 사랑의 언어로 사랑해줄 때 효율이 높다고 역설하고 있다. 소와 사자의 슬픈 사랑이야기를 소개한다. 소와 사자가 깊이 사랑하여 결혼하였다. 남편 사자는 소를 너무나 사랑해서 자기가 너무나 좋아하는 고기를 자꾸 주었다. 소는 고기가 너무 싫었다. 아내 소는 사자를 너무나 사랑해서 자기가 좋아하는 풀을 남편 사자에게 자꾸 주었다. 사자는 풀이 너무 싫었다. 결국 사자와 소는 서로를 사랑하면서도 상대방의 첫 번째 사랑의 언어를 몰랐기 때문에 헤어지게 되었다.

첫째, 아내의 연약함을 돌보라.

성경은 아내를 가리켜 '더 연약한 그릇이요'라고 참 재미있게 번역을 했다. 연약한 그릇이란 깨지기 쉬운 그릇이다. 이 아내라는 그릇이 깨지기 시작하면 얼마나 요란스러운가? 집안이 막 흔들린다. 아내는 깨지기 쉬운 그릇이다. 우리가 비행기 타고 여행을 갈 때

짐을 부칠 때 깨지기 쉬운 그릇을 소포로 보낼 때는 가방에다 뭐라고 붙이는가? 'Handle with care. 조심스럽게 다뤄주십시오.' 그저 하루만이라도 아내들에게 다 이렇게 써 붙였으면 좋겠다. 조심스럽게 다루어라. 남편들은 민감하지 못하기 때문에 가끔 함부로 다루다가 그릇 깨지는 소리가 요란한 경우가 있다. 아내의 연약함을 세심하게 돌봐야 한다.

둘째, 아내를 귀히 여기라.

베드로전서 3장 7절에 보시면 "생명의 은혜를 함께 유업으로 받을 자로 알아 귀히 여기십시오."라고 말씀하신다. 그런데 어떤 번역에 보면 "귀히 여긴다"는 말을 "보석처럼 여겨라."고 했다. 참 좋은 번역이라고 생각한다. 귀히 여긴다는 말이 보석처럼 여기라는 말이다. 남편에게 있어 아내의 존재는 보석 같은 존재다. 다이아몬드와 같은 존재이다. 하나님이 나에게 보석을 주셨다. 우리가 뜻밖에도 보석을 딱 발견하면 어떤 느낌을 가질까? 놀라움, 경이로운 느낌이 있을 것이다. 보석이로구나! 사실 남편이 그 아내의 가치를 인정할수록 아내는 보석이 된다. 저희 교회에서 하는 가정 사역 프로그램 중에 사랑의 순례라는 프로그램이 있는데 제가 거기서 결혼 언약 갱신식을 하게 되면 항상 들려주는 이야기가 있다. 옛날부터 해서 이제는 상당히 여러 군데에서 돌아다니고 또 새로운 버전이 돼서 돌아다닌다. 남태평양의 한 섬에 사는 부족의 한 청년, 모든 사람들이 부러워하는 미남 조니 링고라는 청년이 있었다. 그런데 그 섬나라 추장에게 두 딸이 있었는데 작은 딸은 너무 예뻐서 일찍 시집을 갔다. 그런데 놀랍게도 조니 링고가 그 큰 딸에게 프로포즈를 했다. 그래서 삽시간에 화제가 됐다. 그런데 자기 아내로 그 여인을 데려가려면 지참금으로 소를 주어야 한다. 그래서 사람들이 내기를 하기 시작하였다. 그래서 이 사람이 얼마를 들고 아내를 데려 갈 것인지 내기를 한다. 그저 한두 마리 가지고 족하지. 아니야, 그래도 추장 딸인데 서너 마리 주겠지. 드디어 조니 링고가 자신의 아내를 데려가기 위해서 등장하는데 놀랍게도 소 9마리를 가지고 등장하였다. 그랬더니 놀랍게도 그 아내가 점점 아름다운 여인으로 변해갔다. 내 남편이 자신의 가치를 알아주었던 것이다. 가치(value)를 인정해 줄 때 더 빛이 빛난다. 아내분들 남편을 째려보면서 말해보라. "내가 보석이에요. 알아요?"

셋째, 아내를 위한 희생의 태도를 가지라.

사랑한다는 말이 희생이라는 말로 되어 있다. 아가파오, 아가페, 희생적 사랑이다. 전체를 드리는 사랑, 그렇다면 구체적으로 삶의 현장에서 아내에게 그러한 사랑이 드러나고 있는가? 양보하고 있는가? 인내하고 있는가? 희생하고 있는가? 이기심을 극복하는 구체적인 사랑의 태도를 보여야 한다.

넷째, 아내의 성숙에 관심을 갖고 돌보라.

부부는 평생에 나란히 함께 성숙해 간다. 남편들에게는 공부할 기회가 많은데 아내들에게는 공부할 기회가 많이 없다. 자식들 키우다 보면 남편의 지위와 지식은 계속해서 올라가는데 아내는 그렇지가 못할 수 있다. 그럴 때 격이 떨어지는 아내의 모습으로 보일 수가 있다. 그리고 그렇게 남편이 자기는 성숙한 다음에 아내가 자신에게 맞지 않는다고 버리는 경우가 있다. 그래서 함께 노후에 정말 행복하려면 아내를 성숙시키려는 노력이 필요하다. 아내에게도 공부할 기회를 주고 아내가 좋아하는 것을 공부할 수 있는 것을 격려하기도 해야 한다. 제가 은퇴할 때가 됐을 때 제 아내한테 "당신이 화가인데 당신이 목회 서포트하느라 그림도 못 그리고 했는데 이제는 당신이 할 수 있도록 도울게." 그림 더 공부하라고 격려하였다. 그리고 그림 그릴 수 있는 여건을 만들도록 내가 할 수 있는 한 최선을 다하겠다고 했더니 정말이냐고. 정말이라고 그랬더니 제 아내가 미술사 공부도 더 많이 하고 그림도 더 많이 그리고 하였다. 필그림 강당에서 나가다가 그림들이 있는 방을 지나자마자 따로 그림이 하나가 있는데 그것이 제 아내의 "탕자의 귀환"이라는 그림이다. 어쩌면 우리 모두가 집을 향해 찾아오는 탕자같은 존재인데 제 아내가 본격적으로 다시 그림을 그리기 시작하면서 그렸던 그림이 바로 그 그림이다. 제가 참 좋아하는 그림이다. 그래서 아내의 성숙에도 남편이 관심을 기져야 한다. 같이 노력을 들이고 시간을 쏟아야 한다는 말이다. 같이 성장해야 된다. 균형을 잃어버리지 않는 부부의 동등한 성숙이 중요하다.

다섯째, 자녀 양육에도 같이 관심을 기울이고 책임을 지라.

전통적인 가정에서는 자녀 교육을 아내가 혼자 했지만 이제는 점점 시대가 변해가고 있다. 책임의 일부를 나눠져야 한다. 그래서 제가 열심히 하는 것은 쓰레기 갖다 버리는 것이다. 그래서 우리 아파트에 아내를 위해서 쓰레기 갖다 버리는 목사님이 있다고 소문이 났다. 책임을 나누어지고 같이 책임을 지고자 아침에 계란 부치는 것, 바리스타로 커피 만들고, 이 작은 것으로 아내가 행복해한다. 아내의 얼굴이 훨씬 더 아름다워진다. 내가 아내를 어떻게 위해주냐에 따라서 아내가 얼마나 아름다운 꽃이 되느냐 그런 것이다. 제가 좋아하는 김춘수 시인의 시를 함께 읽어보자. 여러분도 좋아할 것이다.

꽃

— 김춘수

내가 그의 이름을 불러 주기 전에는

그는 다만

하나의 몸짓에 지나지 않았다.

내가 그의 이름을 불러 주었을 때,

그는 나에게로 와서

꽃이 되었다.

내가 그의 이름을 불러 준 것처럼
나의 이 빛깔과 향기에 알맞는
누가 나의 이름을 불러 다오.

그에게로 가서 나도
그의 꽃이 되고 싶다.

우리들은 모두
무엇이 되고 싶다.

너는 나에게 나는 너에게
잊혀 지지 않는 하나의 의미가 되고 싶다.

　잠깐 조용히 기도하면서 앉은 자리에서 배우자의 손을 조용히 잡아보자. 손을 잡고 서로를 축복해보자. "하나님, 이 여인을 축복해 달라고, 이 남자를 축복해 달라고, 그래서 마지막 생애까지 서로에게 멋진 동행자가 되게 해 달라고." 그렇게 조용히 남편을, 아내를 축복해 보자.

천국가정 연습문제

I | 부부의 근접도Intimacy 테스트

"여호와여 나를 살피시고 시험하사 내 뜻과 내 마음을 단련하
소서" 시 26:2

(점수란에 1-5사이에 점수를 매겨 보십시오.)

1- 거의 그렇게 하지 않는 편이다. 2- 가끔 그렇게 한다.

3- 보통 그렇게 한다. 4- 자주 그렇게 한다. 5- 너무나 많이 그렇게 한다.

남편	점수	아내	점수
1. 가정에서 일어나고 있는 일을 알고 있다.		1. 가정에서 일어나고 있는 일을 알고 있다.	
2. 배우자를 잘 용납하며 살아간다.		2. 배우자를 잘 용납하며 살아간다.	
3. 배우자에게 사랑을 자주 표현한다.		3. 배우자에게 사랑을 자주 표현한다.	
4. 배우자를 칭찬하고 격려한다.		4. 배우자를 칭찬하고 격려한다.	
5. 배우자의 얘기를 잘 들어준다.		5. 배우자의 얘기를 잘 들어준다.	
6. 나는 잘못된 일에 대하여 배우자를 비난 않고 이해한다.		6. 나는 잘못된 일에 대하여 배우자를 비난 않고 이해한다.	
7. 배우자와 다른 의견에 대하여 다른 대안을 조용히 제안한다.		7. 배우자와 다른 의견에 대하여 다른 대안을 조용히 제안한다.	

8. 가정에서 부모의 리더십을 잘 행사한다.	8. 가정에서 부모의 리더십을 잘 행사한다.	
9. 나는 배우자와 함께 기도한다.	9. 나는 배우자와 함께 기도한다.	
10. 자녀 양육에 대하여 의논한다.	10. 자녀 양육에 대하여 의논한다.	
11. 배우자의 취미나 활동에 관심을 가져준다.	11. 배우자의 취미나 활동에 관심을 가져준다.	
12. 자신의 실수나 약점에 대하여 배우자와 의논한다.	12. 자신의 실수나 약점에 대하여 배우자와 의논한다.	
13. 배우자나 자녀와의 약속을 지킨다.	13. 배우자나 자녀와의 약속을 지킨다.	
14. 남편으로서 가정일에 자주 관심을 표현하고 아내를 돕는 편이다.	14. 아내로서 가정일에 자주 관심을 표현하고 아내를 돕는 편이다.	
15. 가정경제에 대하여 부부가 함께 의논하고 계획한다.	15. 가정경제에 대하여 부부가 함께 의논하고 계획한다.	
16. 아내가 직업을 갖는 일에 찬성하고 지원한다.	16. 아내가 직업을 갖는 일에 찬성하고 지원한다.	
17. 자녀의 올바른 행실은 어머니가 가르쳐야 한다.	17. 자녀의 올바른 행실은 어머니가 가르쳐야 한다.	
18. 나는 가정에서 많은 시간을 보내는 편이다.	18. 나는 가정에서 많은 시간을 보내는 편이다.	
19. 나는 배우자와 충분한 대화의 시간을 보내고 있다.	19. 나는 배우자와 충분한 대화의 시간을 보내고 있다.	
20. 나는 배우자와 결혼 때보다 많이 가까워졌다고 느낀다.	20. 나는 배우자와 결혼 때보다 많이 가까워졌다고 느낀다.	
총점	총점	

◆ 점수가 차이가 많이 난 부분에 대하여 대화하십시오.

_____

_____

II | 결혼으로 부부됨

예수께서는 마태복음 19:5-6에서 결혼의 사건을 어떻게 설명하셨습니까?

마태복음 19:5-6

5 말씀하시기를 그러므로 사람이 그 부모를 떠나서 아내에게 합하여 그 둘이 한 몸이 될지니라 하신 것을 읽지 못하였느냐 6 그런즉 이제 둘이 아니요 한 몸이니 그러므로 하나님이 짝지어 주신 것을 사람이 나누지 못할지니라 하시니

1. 하나님이 짝지어 주시는 사건

◆ 우리 부부의 결혼에 있어서 하나님의 간섭이 있었다는 체험을 하신 분들을 나누어 보십시오.

_____

_____

2. 한 남자가 부모를 떠남으로 이루어지는 사건

◆ 나의 남편이 얼마나 심리적으로 부모를 떠날 수 있었는지 아내가 그
   평가를 남편에게 들려준 다음 남편의 심경도 짤막하게 말하십시오.

_____

_____

3. 한 남자와 한 여인이 한 몸으로 연합하는 사건

◆ 우리 부부는 근접도 테스트에 의하여 하나됨의 장애물이 무엇이었는
   지를 한 가지씩만 나누어 보십시오.

_____

_____

4. 부부가 서로를 향해 하나 되어 가는 연속적인 과정의 사건

◆ 우리 부부가 앞으로 더욱 친밀감을 나누는 한 몸, 한 마음의 부부가 되
   어가기 위해 개선해야 할 바를 부부사이에 나누어 보십시오.

_____

_____

5. 결혼은 사람의 의지로 나누어서는 안 될 언약의 관계

◆ 언약의 중요성

_____

_____

Ⅲ| 부부생활의 로맨스

로맨스란 '이상적 사랑' ldeal love을 추구하는 마음의 불꽃 곧 passion입니다. 이 정열의 불이 살아있을 때 부부관계가 서로를 갈구하는 건강한 사모함으로 성숙해 갈 수가 있습니다.

옛날 하나님의 성소 안에는 '메노라'menorah라고 불리는 금촛대가 있었습니다. 제사장들은 매일 저녁과 아침으로 이 촛대를 돌보고 순결한 감람유를 공급하여 이 불이 꺼짐이 없도록 해야 할 책임이 있었습니다. 그러나 가끔 이 불빛은 다음과 같은 이유로 꺼질 수가 있었습니다.

1. 소명(목표)의식의 상실
2. _____감의 망각
3. 제사장 상호간의 _____의 혼선
4. 경제적 _____의 실패
5. 외부에서의 적들의 _____

◆ 우리 가정에서의 부부의 로맨스를 위협하는 요소들에 대하여 나누어
보십시오.

_____

_____

Ⅳ| 부부의 책임

A. 아내의 책임-순종하라.

1. 남편을 리더로 인정하십시오.
2. 남편의 얘기를 잘 들어주십시오.
3. 남편을 존중(경외)하는 태도를 가지십시오.
4. 남편에게 아름다운 존재가 되십시오.
5. 남편의 적극적인 성생활의 파트너가 되십시오.

◆ 남편이 아내에 대한 솔직한 평가를 해 주십시오.

_____

_____

B. 남편의 책임-사랑하라.

1. 아내의 연약함을 돌보십시오.

2. 귀히 여기십시오.

3. 아내를 위한 희생의 태도를 가지십시오.

4. 아내의 성숙에 관심을 갖고 도우십시오.

5. 자녀양육이나 가정생활에 협력하고 책임을 지십시오.

◆ 아내가 남편에 대한 솔직한 평가를 해 주십시오.

_____

_____

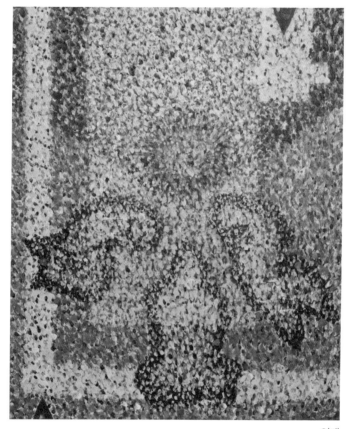

_____ 임재

4장

천로역정과 가정순례

천로역정이 기독교 고전임에도 일부 신학자들과 가정 사역자들에 의해
비판을 받아온 부분이 있었다면 천로역정의 순례자들이 지나치게
시온성 곧 완성된 천국에 도달하는 일에만 전념한 나머지
이 땅에서 이루는 가정의 중요성과 가정을 통한
하나님 나라 비전을 외면한 것이 아닌가라는 비판이었습니다.
그러나 이런 비판은 천로역정 전체를 주의 깊게 읽지 못한 때문이고
특히 천로역정 제2편을 읽지 못한 때문이라고 할 수 있습니다.
오히려 천로역정 1-2편은 진정한 가정의 복음화와
가정 사역의 본질을 우리에게 가르치고 있는 책입니다.
천로역정 제2편은 주인공 크리스천의 아내 크리스티아나와
그녀의 네 아들이 남편과 아버지가 간 그 길을 따라 천국으로 향하는 줄거리입니다.
성경은 가족 공동체의 복음화를 무엇보다 중요하게 강조합니다.
성경에 근거한 기독교 고전 천로역정도 마찬가지입니다.

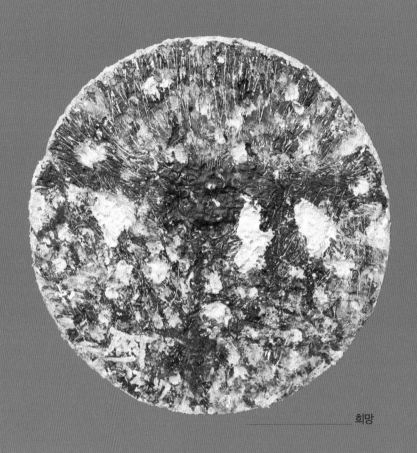

희망

Holy Pilgrimage for a Couple

Wedding Song

———————————— 나요한

어떻게 그대라는 사람을 만나

단 한 번 있을까 한 날을 살면서

이토록 소중한 사람

하나님 내게 주심을

다시 감사하며 기도를 해요

그대 앞에 서면 내가 나답고

우리를 만드신 그 목적을 알죠

어떠한 가식도 없이

특별한 꾸밈도 없이

사랑받을 수 있음에 감사해요

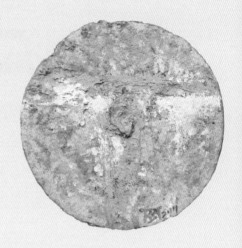

늘푸른나무처럼 서로에게 쉴 곳이 되고

이해하며 항상 돌보아 주리

사랑은 오래 참고 온유하니

한없는 사랑의 통로 될게요

천로역정이 기독교 고전임에도 일부 신학자들과 가정 사역자들에 의해 비판을 받아온 부분이 있다면 순례자들이 지나치게 시온성 곧 완성된 천국에 도달하는 일에만 전념한 나머지 이 땅에서 이루는 가정의 중요성과 가정을 통한 하나님 나라의 비전을 외면한 것이 아닌가 하는 것이었다. 그러나 이런 비판은 천로역정 전체를 주의 깊게 읽지 못함 때문이고 특히 천로역정 제2편을 읽지 못함 때문이라고 할 수가 있다.

오히려 천로역정 2편은 진정한 가정의 복음화와 가정사역의 본질을 우리에게 가르치고 있는 책이다. 천로역정 제2편은 주인공 크리스찬의 아내 크리스티아나와 그녀의 네 아들이 남편과 아버지가 간 그 길을 따라 천국으로 향하는 줄거리이다. 성경은 가정 공동체의 복음화를 무엇보다 중요하게 강조한다. 성경에 근거한 기독교 고전 천로역정도 마찬가지이다.

천로역정에 대해 좋은 서평이 대부분이지만 이따금씩 천로역정을 비판하는 글이 올라온다. 천로역정은 하나님 나라 신학에 위배가 된다, 복음적이 아니다는 비판도 가끔 올라온다. 그 이유 중 하나는 너무 타계지향적, 우리가 죽어서 갈 하나님 나라만 가르치지 이 땅에서의 우리가 해야 할 미션이나 사명을 가르치지 않는다는 것이다. 피상적으로 천로역정을 읽은 사람들은 그런 비판을 할 수가 있다. 그건 천로역정을 세밀하게 꼼꼼하게 읽지 않았기 때문이다. 특별히 그런 비판하는 사람들의 공통된 특성 중 하나는 2편을 읽지 않았기 때문이다. 그래서 어떻게 가정 식구들 다 팽개치고 혼자서만 천국에 가는가 하는 것이 비판이었다. 그런데 천로역정 제2편에는 주인공 크리스천의 아내 크리스티아나, 네 아들, 그리고 그 밖의 사람들이 또 하나의 순례팀을 이루어서 천국을 향해 가면서 주변의 세상을 변화시키고 여러가지 사역을 감당하는 내용이 나온다. 천로역정은 기독교 고전이다. 저는 고전을 이렇게 정의한다. 고전이란 누구나 다 알지만 아무도 읽지 않는 책이라고. 천로역정을 실제로 통독한 분이 얼마나 될까? 실제로 글씨 하나 토씨 하나 빼뜨리지 않고 읽은 사람 손들라고 하면 아주 드물 것이다. 더러 읽은 사람은 1편만 읽었지 2편까지 읽은 사람은 아주 드물다. 천로역정에 대한 비판은 사실은 오해에서 비롯된 것이다. 실제로는 그렇지 않다.

믿음의 조상 노아의 믿음을 히브리서 기자는 히브리서 11장 7절에서 "믿음으로 노아는 아직 보이지 않는 일에 경고하심을 받아 경외함으로 방주를 준비하여 그 집을 구원하였으니 이로 말미암아 세상을 정죄하고 믿음을 따르는 의의 상속자가 되었느니라" 이렇게 증거하고 있다. 이 본문이 강조하는 것은 두 가지이다. 첫째로, 노아는 자기 가족을 구원했다는 것이다. 노아는 적어도 자기의 가족을 구원했다는 것이다. 방주를 지어서 자기의 식구들을 구할 수가 있었다. 그런데 거기서 끝나지 않았다. 그 이하의 말씀은 당시의 세상에 영향을 끼쳤다는 것이다. 가족 구원으로 끝나지 않고 한 걸음 더 나아가서 그 세상에 살고 있던 당대의 세상을 정죄하고 믿음을 따르는 의의 상속자가 되었다. 영향을 끼쳤다. 내 가족 구원에서 끝나지 않고 세상에 영향을 끼쳤다. 세상에서 믿음을 따르는 의의 상속자가 됨으로 세상에 경종을 울렸고 세상에 영향을 끼쳤다.

I. 가정 복음화의 출발

가족들이 거의 동시에 복음화 되는 케이스

우선 가정 복음화라는 것은 어떻게 출발할까? 두 가지 케이스가 있다. 첫째 케이스는 가족들이 거의 동시에 복음화가 되어서 함께 믿는 경우이다. 성경에 그런 대표적인 케이스가 있다. 바로 사도행전 16장에 나타나는 빌립보 감옥의 간수의 가정이다. "30 그들을 데리고 나가 이르되 선생들이여 내가 어떻게 하여야 구원을 받으리이까 하거늘 31 이르되 주 예수를 믿으라 그리하면 너와 네 집이 구원을 받으리라 하고 32 주의 말씀을 그 사람과 그 집에 있는 모든 사람에게 전하더라 33 그 밤 그 시각에 간수가 그들을 데려다가 그 맞은 자리를 씻어 주고 자기와 그 온 가족이 다 침례를 받은 후 34 그들을 데리고 자기 집에 올라가서 음식을 차려 주고 그와 온 집안이 하나님을 믿으므로 크게 기뻐하니라"(행 16:30-34) 바울이 그 당시에 유럽이었던 소아시아, 튀르키예를 떠나서 유럽에 속한 마케도니아 첫 섬인 빌립보로 오게 된다. 거기 와서 루디아도 만나고 귀신 들려서 점을 치고 있던 여종에게도 복음을 전한다. 그 다음에 빌립보 감옥에 이상한 소문을 전하는 사람들이 왔다고 누군가 고발을 한다. 그로 인해 바울이 잡히게 되고 감옥으로 가게 된다. 그를 지키고 있던 간수들에게도 바울이 복음을 전한다. 간수들은 바울이 감옥에 들어갔어도 찬양하고 기도하는 모습을 보고 놀라고 그가 기도할 때 터가 요동치는 모습을 보고 엎드리면서 이렇게 말한다. "선생들아, 우리가 어찌하여야 구원을 받을까 하고." 바울이 전한 복음의 에센스, 핵심 되는 복음이 거기서 전달된다. "주 예수를 믿으라 그리하면 너와 네 집이 구원을 얻으리라." 그래서 그 간수가 지기만 복음을 믿은 것이 아니라 자기 집안 식구들과 함께 이 놀라운 복음을 받아들이고 나서 바울과 실라를 데려다가 그 매 맞은 자리를 씻어주고 자기와 온 가족이 다 침례를 받고 온 집안이 하나님을 믿음으로 크게 기뻐했다. 거의 하룻밤 사이에 온 가족이 다 주 앞에 돌아오는 그런 극적인 역사가 일어났다. 동시에 빌립보 교회가 탄생했다. 이것은 거의 한번의 경우에 가족들이 돌아오는 케이스이다. 이렇게 놀라운 케이스가 있을 수 있다.

가족 중 누군가가 먼저 믿고 상당한 갈등 후에 가족 회심이 이루어지는 케이스

두 번째 케이스는 가족 중 누군가가 먼저 믿고 혼자 믿으니까 가족 중에서 이해 받지 못하여 믿는 자와 믿음을 핍박하는 가족들 사이에 상당한 시간 동안 갈등이 전개된다. 한참 지난 후에 서서히 가족들이 믿기 시작한다. 이것이 두 번째 케이스인데 천로역정은 두 번째 케이스다. 1편에서는 크리스천이 혼자서 천로역정을 걸어간다 그러나 그것으로 천로역정이 끝나지 않았다. 천로역정에는 2편이 있다. 천로역정을 비판하는 사람들이 이렇게 비판한다. "어떻게 가족을 다 내팽개치고 혼자 천당 간다고 갈 수가 있냐?" 그러나 누군가 한 사람이 먼저 결단했기 때문에 그 가족이 복음화 되었다. 가족이 복음화가 되려면 먼저 결단하는 사람이 한 사람은 있어야 한다. 그래야 그 다음에 따라온다. 굉장히 인도적인 (humanitarian) 마음을 가진 사람이 이런 말을 할 때가 있다. "나는 가족들이 다 믿을 때까지 기다리겠다. 혼자 믿지 못하겠다." 그런 사람들이 있으나, 이런 사람들에게 절대 가정 복음화가 이뤄지지 않는다. 언제 어느 세월에 다 기다리나? 그러므로 누군가 한사람은 먼저 결단을 해야 한다. 그러나 누군가 한 사람이 결단을 하면 다 따라오게 된다. 저도 그런 케이스이다. 사돈에 팔촌까지 다 뒤져봐도 예수 믿는 사람 그림자도 없었다. 저 혼자 먼저 믿게 된 것이다. 우리집안은 아주 전통적인 유교 집안이었다. 이퇴계 선생 후예로 제사가 매달 있었다. 제가 믿는다고 하니까 가장 화가 나신 분이 우리 할아버지이다. 할아버지는 "제사를 누가 지내느냐? 우리집안은 어떻게 되느냐?"라고 하시며 불효 자식이라면서 저를 쫓아냈다. 그리고 한 3년쯤 지난 어느 날 전도사 시절에 제가 수원에 있는 어떤 교회에서 간증 겸 설교를 하게 되었다. 손자가 설교하게 됐다는 소식을 듣고 할아버지가 관심이 생기셨는지 슬쩍 오셨다. 저는 할아버지가 오신 것을 나중에 알았다. 할아버지는 뒤에 앉아서 저는 몰랐지만, 나름대로 어떠한 감동을 받으셨나 보다. "야, 동원이가 설교가 괜찮더라. 예수 믿어도 우리집은 괜찮을 것 같다." 그래서 핍박이 끝난 것이다. 그러자 한 사람 한 사람 우리 동생들이 서서히 믿기 시작했다. 누군가 한 사람은 시작을 하는 것이 중요하다. 제가 믿기 시작했을 때는 우리 가정에 믿는 사람이 아무도 없었다. 찾아볼 수가 없었다. 그런데 지금은 사돈의 팔촌까지 다 뒤져보면 이제는 안 믿는 사람이 하나도 없다. 그래서 누군가가 먼저 시작한다는 것이 굉장히 중요하다.

예수님이 말씀하신 마태복음 13장 36절의 케이스는 그런 배경이라고 우리가 이해할 수 있다. "사람의 원수가 자기 집안의 식구니라" 신앙을 이해하지 못하면 원수가 되어서 우리를 핍박할 수가 있

천로역정, 겸손의 계곡

다. 그 핍박을 얼마 동안은 감내해야 된다. 그러나 그것은 헛된 것이 아니다. 마침내 그것 때문에 나중에 다 주님 앞에 다 돌아온다. 선교사님들도 신앙이 이해되지 않는, 받아들여지지 않는 풍토 속에서 복음을 전하고 있다. 수많은 핍박과 환난과 어려움을 이기고 전했던 그 사실 때문에, 그러한 순교자들 때문에, 결국은 한 도시가, 한 나라가 주님 앞에 복음의 문이 열리는 광경들을 역사를 통해서 계속해서 확인하게 된다.

II. 가정 복음화의 전제조건

가치관의 변화가 선행되어야 한다

그렇다면 가정 복음화는 어떻게 이뤄지는가? 가정 복음화의 전제조건으로 가치관의 변화가 선행되어야 한다. 예수 믿고 교회만 나간다. 그것이 다가 아니다. 가치관을 받아들이는 것이 복음화이다. 교회 나가도 세상에 영향력을 끼치지 못하는 이유는 바로 가치관을 받아들이지 못했기 때문이다. 복음을 받아들이고 가치관이 변하고 세계관이 변할 때 그것이 바로 세상을 변화시키는 변화(transformation)의 능력이 될 수가 있다.

흥미로운 것은 천로역정 2편에 보면 크리스티아나가 자기 네 아들하고 떠날 때 같이 떠나는 자매가 있다. 자매 이름이 자비(mercy)

양이다. 자비 양이 가족들과 함께 쭉 여정을 함께 하다가 아름다운 집(House of Beautiful), 미궁이라고도 불리우는 집에 도착한다. 아름다운 집은 사실 교회의 상징이다. 우리를 환영해주고 우리를 새롭게 만들고 우리를 무장시켜주는 것이 바로 교회이다. 거기 갔을 때 자비 양에게 접근하는 사람이 있다. 자비 양을 보고 결혼하고 싶어하는 사람이 있다. 그 친구 이름이 바로 거품 씨(Mr. Brisk)이다. 거품 씨가 접근하니까 아름다운 궁전의 사람들이 다 말린다. 절대로 결혼하지 말라고 말린다. 저 사람은 진정한 신앙의 사람이 아니라고 결혼을 말린다. 교회는 나올지 모르지만 신앙이 있는 척할지 모르지만, 아직 그의 마음속에는 복음도 없고 복음의 가치관이 그 안에 없다. 아닌 게 아니라 그 다음에 보니까 거품이 자비 양에게 접근하는데, 자비 양이 아름다운 집에 머무는 동안에 자꾸 옷을 만든다. 집 주변의 가난한 이웃들에게 옷을 나눠준다. 거품 씨가 "당신, 그런 일을 손해만 보면서 도대체 왜 하느냐?"고 묻는다. 이웃을 섬기고 사랑하는 가치를 몰랐던 것이다. 결국 거품 씨가 열심히 자비 양(Mercy)을 따라다녔지만 결혼에 골인하지 못한다. 가치관이 안 맞는 사람끼리 결혼할 때 그것은 비극이다. 그래서 복음화라는 것은 교회만 다니는 것이 아니라 가치관을 수용해야 이뤄지는 것이다.

아모스 3장 3절과 마가복음 3장 35절을 비교해서 주님이 주인 되신 가정의 필수적 요소가 무엇일까 생각해보자. 아모스 3장 3절

"두 사람이 뜻이 같지 않은데 어찌 동행하겠으며" 두 사람의 뜻이 같지 않은데 어떻게 동행이 가능할 수 있느냐? 뜻이 같아져야 된다. 그러면 우리가 뜻이 같아지기 위해서는 어떻게 해야 하느냐? 뭐가 중요할까? 마가복음 3장 35절, "누구든지 하나님의 뜻대로 행하는 자가 내 형제요 자매요 어머니이니라." 진정한 영적 가정, 신앙의 가정이라는 것은 하나님의 뜻을 다 받아들이는 것이다. 하나님의 뜻이 내 뜻이 되면 당신과 나는 뜻이 같은 것이다. 결국 우리는 하나님의 뜻에 초점을 맞춰야 한다. 그의 뜻을 절대적인 뜻으로 받아들이게 되면 하나님의 뜻이 내 뜻이 되고 당신의 뜻이 되는 것이다. 그 뜻 안에서 우리는 하나가 된다.

제가 좋아하는 설교가 조지 트루엣이라는 분이 늘 평생에 강조했던 메세지가 있다. 최고의 지식은 뭐냐? 하나님의 뜻을 아는 것이다. 최고의 성취는 뭐냐? 하나님의 뜻을 행하는 것이다. 하나님의 뜻을 알고 행하는 것이다. 그것이 바로 최고의 지식이고 최고의 성취다. 그러니까 거기까지 와야 진정한 복음화라고 할 수 있는 것이다.

가정 복음화 위해 하나님의 뜻 안에서 일어나야 할 세 가지 사건

가정 복음화 위하여 일어나야 할 세 가지 사건이 무엇일까?

첫째, 영적 연합(결혼)

하나님의 뜻 안에서 결혼해야 한다. 하나님의 뜻 안에서 결혼을 해야 영적 결합이 된다. 물론 불신자도 그리스도를 영접한다면 결혼할 수가 있는 것이지만, 그리스도를 수용하지 않는다면 그 결혼은 비극이다. 물론 결혼을 할 때까지 기다려줄 수가 있어야 한다. 어떻게 그리스도가 다스리지 않는 마음과 하나가 될 수 있을까? 그것은 불가능하다. 그 케이스가 바로 누구냐? 거품 씨와 자비 양이다. 잘 깨졌다. 자비 양이 결국은 결혼을 한다. 누구랑 하느냐? 바로 마태와 한다. 마태는 바로 크리스티아나의 아들이다.

제2편에 보면 가이오라는 사람의 집에 들어간다. 가이오라는 사람의 집에 들어갔을 때 가이오가 주선한다. 순례단 안에 마태 (Mathew)라는 사람이 있는데 그 두 사람이 결혼을 하면 얼마나 좋을까 하고 주선한다. 얼마 지나지 않아 자비 양과 마태(Mathew)가 결국 결혼을 한다. 그리고 다음 메세지가 중요하다. 이 자비 양이 마태와 함께 결혼하면 크리스천 가문의 존재가 계속될 수 있을 것이고 세상에 선한 영향을 끼칠 것이라는 것이다. 그래서 제2편에 가면 결혼 사건이 많이 일어난다. 그 다음에 야고보하고 가이오의 딸 뵈뵈하고 결혼을 한다. 한참 후에 좋은 크리스천인 나손의 집에

서 결혼을 한다. 허영의 도시에서 결혼을 한다. 또 나손의 딸 은혜
는 사무엘하고 결혼을 한다. 마르다가 크리스티아나의 아들 요셉
과 결혼을 한다. 그래서 가족 단위의 헌신이 나타난다.

　이들은 가족으로서 많은 선행을 베풀고 그리스도를 높였고 하나
님의 영광을 선포하고 드러내었다. 가족이 참으로 중요하다. 성경
에도 바울 같은 사람은 물론 독신으로서 홀로 사역을 했지만, 바울
의 곁에는 수많은 가족들이 존재했다. 대표적으로 바울의 곁에 있
었던 부부, 텐트메이커 농역사인 브리스길라와 아굴라, 이 두 부부
가 그리스도를 얼마나 사랑했는가? 바울은 이들 부부를 향해서 이
렇게 이야기한다. '저들은 나를 위해서 목도 내놓았다.' 이렇게 바
울을 사랑했던 부부의 동역이다. 바울이 가는 곳에 안디옥에도 가

고 로마에도 함께 가고 이런 가족들이 곁에 있었다.

천로역정 2편에 나손이라는 사람이 나온다. 제1편에서는 허영의 도시가 문자 그대로 허영의 도시다. 수많은 크리스천들이 핍박 받고 있었고 성실이라는 사람이 허영의 도시에서 순교를 당한다. 그런데 제2편에서는 크리스천들이 더이상 핍박 받지 않는다. 허영의 도시가 변한 것이다. 나손 같은 크리스천들이 좋은 영향을 끼치고 있었다. 복음의 영향력이 세상에 확산되고 있었던 것이다. 그러기 위해서는 크리스천의 영적 연합이 이루어져야 한다. 예수님을 구주와 주님으로 영접할 뿐만 아니라 하나님의 뜻을 절대적인 가치로 수용하는 영적 연합이 이루어져야 한다.

둘째, 영적 치유

두 번째로 영적 연합뿐만 아니라 영적 치유가 일어나야 한다. 우리가 구원받았지만 아직까지도 죄의 영향이 우리에게 남아있다. 우리가 음습한 것, 어두운 것, 바람직하지 않은 모습들이 우리 안에 아직도 존재한다. 끊임없는 치유가 일어나야 한다. 다른 말로 한다면 성화(Sanctification)의 과정이다. 성화는 지속적으로 일어나는 것이다. 구원받았지만 아직도 부족한 것, 더러운 것, 아직도 주님을 기쁘시게 하지 못하는 요소들이 우리 안에 있다. 재미있는 것은 2편에 아름다운 집에 들어갔을 때 크리스티아나의 아들 마태가 병이 든다. 그래서 의사를 모셔오는데 그 의사 이름이 Dr. Skill이다. 재미있다. 저는 존 번연이 정말 천재라고 생각한다. 제가 그래서 천로역정에 매료된 것이다.

　제가 천로역정에 얽힌 제 얘기를 잠깐 하자면 우리집에는 사돈에 팔촌까지 예수 믿는 사람의 그림자도 없었다. 저는 영어 배우고 싶어서 또 선교사님이 돈도 안 받고 영어를 가르쳐주니까 선교사님에게 접근하기 시작하였다. 수원의 김장환 목사님과 함께 사역을 하던 캐나다에서 오신 James Wilson이라는 선교사님인데 그분에게 쭉 영어 배우고 성경을 배웠다. 그런데 한 십 개월 이상 제가 열심히 하니까 저를 좋게 본 것 같았다. 그 당시에 아직도 예수님을 구주와 주님으로 영접하지 못하고 아직도 탐색(searching) 하고 있던 때였다. 그런데 그 분이 저를 잘 봐주셨던지 어느 날 영어책 한 권을 선물해 주셨다. 그것이 바로 천로역정 (Pilgrim's Progress)이다. 한 3페이지 읽어 보니깐 한 페이지 안에 모르는 단어가 너무 많고 그것도 현대 영어가 아니라 고대 영어로 괴상한 인물들이 많이 나왔다. 너무 너무 힘들었다. 사흘 읽고 도무지 나는 못 읽겠다하고 던져버렸다. 그런데 갑자기 오기가 발동을 했다. 던져 놓고 나니까 오기가 발동을 했다. '내가 이 책도 못 읽으면 평생 영어 배우기는 글러먹었다.' 그래서 다시 던졌던 책을 집어 들고 모르는 단어를 웹스터 사전(Webster's Dictionary)을 갖다놓고 하나하나 다 찾아가면서 읽기 시작했다. 그래서 4개월 반 만에 1권을 다 읽었다. 독파를 했다. 너무 너무 힘들게 읽었다. 그렇게 힘들게 읽고 나니까 천로역정 스토리가 머릿속에 딱 들어왔다. 그 때가 20대이다. 그

때 무슨 생각이 들었냐 하면 '이야. 천로역정을 공원처럼 잘 만들어 놓으면 하나님 나라에 들어가는 과정을 멋지게 연출할 수 있지 않을까?' 라는 생각이 들었다. 그것이 20대에 꾼 꿈이었다. 그 꿈이 50년 후에 이루어졌다.

그렇게 천로역정을 묵상을 하고 나서도 20년이 지나도록 2편이 있다는 사실을 나도 모르고 지냈다. 2편을 읽고 나니까 1편에서 생각났던 물음표들이 다 해결되었다. 천로역정은 정말 기독교를 대표하는 고전이다. 기독교를 대표하는 고전은 무엇일까? 어떤 사람은 신곡이라고 생각하는 사람들이 있다. 단테의 신곡은 세 가지 파트로 되어 있다. 천국, 지옥 사이에 연옥이 있다. 그런데 개신교에서는 연옥을 안 믿는다. 성경이 연옥을 안 가르친다. 단테의 신곡은 가톨릭의 고전은 될 수 있지만 개신교의 고전은 될 수가 없다. 그런데 천로역정은 정말 기본적인 기독교 고전이다. 개신교의 고전이다. 기본적인 복음의 핵심 요소가 다 들어가 있다.

Dr. Skill은 마태를 치료한다. Dr. Skill은 치료하는 약으로 회개의 눈물과 기도를 처방해준다. 우리가 예수 믿고 구원받았지만 우리의 끊임없는 회개와 지속적인 기도를 통해서만 우리의 성화가 온전히 진전될 수가 있다. 구원받았다고 끝난 것이 아니다. 구원파의 최대의 약점이다. 우리가 구원받았다고 해결된 게 아니다. 구원받았지만 아직도 우리는 회개해야 할 것들이 많다. 기도해야 할 것들도 많다. 그래서 우리의 영적 치유가 일어나야 한다.

천로역정, 세명의 천사와 십자가

셋째, 영적 성숙

영적 연합과 치유, 그리고 중요한 것은 영적 성숙이다. 우리가 잘 알듯이 자동적으로 영적 성숙이 일어나는 것은 아니다. 영적 성숙의 중요한 열쇠(Key)중 하나가 축복이라고 생각한다. 내 주변에 있는 사람들이 계속해서 나를 축복하고 피차에 서로가 서로를 축복(Blessing)하는 것이다. 축복의 사역(Ministry of blessing)이다. 야곱이 자기가 죽기 전에 자기 아들들을 데리고 축복한다. 각 지파마다 축복한다. 쭉 축복을 한다. 그리고 축복이 꿈이 된다. 비전이 된다. 비전을 향해서 자라가게 된다.

흥미로운 것은 크리스티아나의 네 아들이 정직이란 노인을 만난다는 것이다. 그때 정직이란 노인이 이러한 축복을 한다. 마태에게는 성경에 나오는 세리 마태처럼 되라고, 사무엘에게는 믿음의 사람 기도의 사람이 되라고, 요셉에게는 순결을 지키고 유혹을 이긴 요셉처럼 되라고, 야고보에게는 우리 주님의 형제 야고보처럼 되라고 축복한다. 예언적 축복이다. 성경에서 보면 중요한 자녀교육의 원칙 중 하나가 축복함으로 키운다는 것이다. 자식들이 잘못한 것도 많지만 끊임없이 다음 세대를 축복하는 것이다. 그리고 마지막으로 떠날 때 예수님이 우리에게 남겨 주신 그 유산을 우리 자녀들에게 남겨주고 가는 것이다. 그것이 바로 축복이다. 축복으로 키운다, 그것이 바로 하나님의 창조의 계획의 실현이다. 하나님이 아담과 하와를 창조하시고 그들을 축복하여 이르시되 "God blessed them"이라고 말씀하셨다(창 1:28). 하나님이 그들을 축복하셨다. 서양의 유명한 인사말 God bless you는 창세기에서 나오는 것이다. 우리가 끊임없이 우리의 이웃과 다음 세대를 위해서 축복할 때 축복을 남기는 인생을 살게 된다. 성경은 우리에게 축복을 남기는 인생을 살아야 한다고 말하고 있다.

성경은 자녀 양육의 가장 위대한 교과서이다. 바울이 자신이 사랑하는 제자 디모데에게 남긴 디모데후서 3장 14-17절 말씀을 함께 보자.

"14 그러나 너는 배우고 확신한 일에 거하라 너는 네가 누구에게서 배운 것을 알며 15 또 어려서부터 성경을 알았나니 성경은 능히 너로 하여금 그리스도 예수 안에 있는 믿음으로 말미암아 구원에 이르는 지혜가 있게 하느니라 16 모든 성경은 하나님의 감동으로 된 것으로 교훈과 책망과 바르게 함과 의로 교육하기에 유익하니 17 이는 하나님의 사람으로 온전하게 하며 모든 선한 일을 행할 능력을 갖추게 하려 함이라."

사실 성경에는 우리가 알아야 할 모든 것이 다 있다. 거기에는 구원이 있고, 그 다음에 성경은 하나님의 감동으로 된 것으로 교훈, 책망, 바르게 함, 의로 교육함과 우리를 온전케 하는 모든 것이 다 있다. 그러면 중요한 것은 무엇일까? 이 성경을 우리의 자녀들에게 가르치는 것이다. 우리의 자녀들이 성경을 붙들고 살고 있는가? 자녀들이 부모들의 가르침을 따라오고 있는가? 그것이 우리 자녀 교육에, 가정생활에 가장 중요한 핵심이다.

III. 가정의 하나 됨을 파괴하는 영적 전쟁

또 하나 우리가 천로역정과 가정의 순례를 생각해야 할 때 기억해야 할 중요한 말씀은 가정의 하나 됨을 파괴하는 영적인 전쟁이 있다는 사실이다. 사랑과 전쟁만 있는 것이 아니라 영적 전쟁이 있다. 우리의 신앙생활 안에도 끊임없이 이러한 전쟁이 일어나고 있다. 에베소서 6장 10절 이하 18절에 묘사되는 영적 전쟁(Spiritual war)이라는 싸움은 사실은 에베소서 5장 22절 이하 6장 9절을 배경으로 한다. 앞에서 가정 이야기를 하다가 영적전쟁 이야기를 하는 것이다. "끝으로 너희가 주 안에서와 그 힘의 능력으로 강건하여 지고 마귀의 간계를 능히 대적하기 위하여 하나님의 전신 갑주를 입으라."(엡 6:10-11) 12절에서는 "우리의 씨름은"이라고 말씀하신다. 다른 말로 번역하면 '우리의 싸움은'이라고 번역할 수 있다. 여기서 영적 싸움이란 말이 나온다. 영적 싸움, 전쟁, 사탄과 더불어 싸우는 영적 전쟁에 관한 텍스트가 이어져서 나온다. "아내들아, 남편들아, 자녀들아, 부모들아"를 말씀하신 뒤에 이 본문이 나오는 것이다. 이 순서가 굉장히 중요하다. 왜냐하면 자녀들의 관계에 개입해서 가정을 깨트리는 존재, 마귀가 있다는 말씀이기 때문이다.

1. 가정의 관계에 마귀가 개입함을 기억하라

마귀가 우리 가정을 둘러싼 영적 전쟁에 개입하고 있다는 사실을 기억해야 한다. 우리의 싸움은 혹은 씨름은 혈과 육을 대하는 것이 아니니 마귀의 간계를 능히 대적해야 한다. 서양의 마귀라는 단어는 두 가지 단어의 결합이다. '디아'라는 단어와 '볼로스'라는 단어를 합친 것이다. 아이들 게임에 '디아볼로스'라는 게임이 있다. 마귀 게임인데 디아는 '사이(Between)'라는 의미이다. 그리고 볼로스는 '던진다'라는 의미이다. 그러니까 디아볼로스는 사이에 던진다. 사이에 던져서 사이를 갈라놓는다 라는 말이다. 다른 말로는 이간질 혹은 참소자이다. 부부 사이를 자꾸만 이간질해서 남편과 아내 사이가 멀어지고 자녀 사이를 자꾸만 이간질해서 부모와 자식 사이가 멀어지게 한다. 누가 이러한 영적인 역사를 벌이고 있느냐? 바로 마귀, 사탄이다. 우리의 가정생활은 단순한 낭만만이 아니다. 가정생활의 로맨스는 사탄의 개입으로 인해 끝나고 영적인 전쟁이 벌어지고 있는 것이다. 여기에 마귀의 간계라는 단어가 나온다. 간계가 희랍어로 methodeia 라는 말인데 영어로 말하면 method이다. 마귀와 사탄은 수단과 방법을 가리지 않고 가정을 파괴한다. 오늘날 수많은 가정들이 무너지고 있다. 사탄이 무너뜨리고 있는 것이다. 우리는 경각심을 가져야 한다. 마귀가 틈타지 않기 위한 팁으로 부부 스킨십이 중요하다. 어느 가족상담사의 간증이다. 신혼부부 내담자가 결혼 6개월만에 삐걱하여 상담을 신청하였으나 여의치 못하여 상담을 해주지 못하고 스킨십 과제만을 주게 되었다. 과제는 경비실 내려갈 때 손 잡고 가기, TV 볼 때 손 잡고 보기, 잠 잘때 손 잡고 자기라는 스킨십 과제였다. 일주일 만에 상담을 신청하였던 신혼부부 내담자에게서 전화가 왔다. "상담사님, 저희들 문제가 다 해결되었어요. 이제는 상담이 필요 없게 되었어요." 부부 스킨십의 파워를 느끼게 되었다.

2. 하나님의 전신갑주로 무장하라

"10 끝으로 너희가 주 안에서와 그 힘의 능력으로 강건하여지고 11 마귀의 간계를 능히 대적하기 위하여 하나님의 전신 갑주를 입으라 12 우리의 씨름은 혈과 육을 상대하는 것이 아니요 통치자들과 권세들과 이 어둠의 세상 주관자들과 하늘에 있는 악의 영들을 상대함이라 13 그러므로 하나님의 전신 갑주를 취하라 이는 악한 날에 너희가 능히 대적하고 모든 일을 행한 후에 서기 위함이라 14

천로역정, 미궁의 무기고

그런즉 서서 진리로 너희 허리 띠를 띠고 의의 호심경을 붙이고 15 평안의 복음이 준비한 것으로 신을 신고 16 모든 것 위에 믿음의 방패를 가지고 이로써 능히 악한 자의 모든 불화살을 소멸하고 17 구원의 투구와 성령의 검 곧 하나님의 말씀을 가지라." (엡 6:10-17)

에베소서 4장 27절에 보면 이 말씀이 나온다. "마귀에게 틈을 주지 말라" 마귀는 끊임없이 우리의 연약한 부분을 틈타고 들어온다. 그것에 대해서 우리가 무장을 해야 하는데 빈틈이 없도록 완전 무장해야 한다. 그것이 바로 전신갑주이다. 머리에는 뭘 쓰고? 구원의 투구를 쓰고, 가슴에는? 의의 흉배를 붙이고, 허리에는? 진리의 허리띠를 띠고, 한손에는 믿음의 방패를 쥐고, 또 오른손에는? 성령의 검을 들고, 왼손잡이는 바꿔 들고 전신갑주로 무장해야 한다. 그런데 등에는 아무것도 없다. 그러니까 어떻게 해야 할까? 뒤돌아서면 안 된다. No turning back. 뒤돌아서면 안 된다.

크리스천이 어디서 무장을 하느냐? 아름다운 궁전, 미궁에서 무장을 한다. 미궁에는 세 개의 방이 있다. 평화의 방이 있고 또 영적인 독서를 하는 방이 있고 그 다음에 무장실이 있다. 필그림하우스에서 천로역정 순례를 하면서 이름다운 궁에 들어갔을 때 거기에 무장실이 있는 것을 잘 보셔야 한다. 존 번연(John Bunyan)이 영국 사람이라서 영국에 있는 것을 다 가져다 놓았다. 칼 등 모두가 다 영국에서 온 것이다. 무장을 해야 한다.

그 아름다운 집에서 나와서 얼마 지나지 않아 두 개의 골짜기를 통과한다. 겸손의 골짜기와 사망의 음침한 골짜기이다. 겸손의 골짜기를 올라가자마자 아폴리온 혹은 아볼리온(아볼루온)이 등장한다. 그 뜻은 파괴자이다. 마귀가 등장한다. 그래도 크리스천과 그의 일행이 잘 이겨낸다. 이 싸움에서 견딜 수 있었던 이유는 완전 무장을 했기 때문이다. 하나님의 전신갑주를 입었기 때문에 약간의 상처만 입었다. 약간의 상처라는 이 대목에서 존 번연(John Bunyan)이 불후의 고백을 남긴다. 이 상처 때문에 나는 더 겸손해졌고 이 상처 때문에 더 기도로 하나님을 의지했다고, 그리고 마침내 승리할 수 있었고 상처가 우리를 겸손하게 하고, 상처가 우리에게 기도를 가르친다. 이 골짜기가 바로 겸손의 골짜기(Valley of Humiliation)이다.

이 골짜기를 지나자마자 골짜기가 또 하나 나타난다. 사망의 음침한 골짜기이다. 이것만 지나가면 다 끝났구나 했는데, 또 하나가 또 나온다. 인생에서는 끊임없는 골짜기가 우리를 기다리고 있다. 더 어둡고 컴컴한 골짜기이다. 그러나 크리스천이 잘 이겨내어 통과한다. "내가 비록 사망의 음침한 골짜기로 다닐지라도 해를 두려워 않음은 주께서 나와 함께 하심이라."(시 23:4) 그 캄캄한 골짜기에도 함께하시는 하나님이 지켜 주신 것이다. 하나님의 전신갑주로 무장해서 이겨낸 것이다.

3. 말씀과 기도로 영적 전쟁을 예비하라

마지막으로 말씀과 기도로 영적 전쟁을 할 줄 알아야 한다. 에베소서 6장 17-18절 "17 구원의 투구와 성령의 검 곧 하나님의 말씀을 가지라 18 모든 기도와 간구를 하되 항상 성령 안에서 기도하고 이를 위하여 깨어 구하기를 항상 힘쓰며 여러 성도를 위하여 구하라" 흔히 우리가 "구원의 투구와 성령의 검 곧 하나님의 말씀을 가지라" 거기까지가 무장이라고 생각한다. 그러나 그 다음 18절까지 포함해야 한다. 구원의 투구와 성령의 검 곧 하나님의 말씀을 가지고, 영적 전쟁터에서 말씀을 활용하는 것이 더 중요하다. 우리가 하나님의 말씀을 끊임없이 듣고 읽고 연구도 하고 묵상도 하고 또 말씀을 암송도 하고 끊임없이 암송한 말씀을 다시 끄집어내어 묵상하고 그래서 말씀이 온전히 나를 지배하고 다스릴 때 우리가 승리할 수 있다. 말씀이 나를 떠나면, 우리가 말씀을 잃어버리면 우리는 언제라도 쓰러질 수가 있다.

천로역정을 보면, 크리스찬이 두루마리로 된 말씀을 잃어버린다. 그러나 다시 와서 말씀을 찾게 된다. 우리가 신앙생활을 하다 보면 어느 순간 설교가 안 들리고 성경에 대한 의욕이 없어져 말씀을 듣고 싶지 않은 순간이 온다. 말씀이 나를 떠나는 순간이 있다. 말씀을 되찾아야 한다. 말씀으로 무장해야 한다. 말씀으로 우리가 사탄과 싸워 이겨야 한다. 누구를 만나든지 말씀으로 구원의 길을 가르치고 말씀으로 우리가 사탄과 더불어 싸울 줄 알아야 한다.

다음으로 기도의 활력이다. "모든 기도와 간구를 하되 항상 성령 안에서 기도하고 이를 위하여 깨어 구하기를 항상 힘쓰며 여러 성도를 위하여 구하라"(엡 6:18) 이 구절을 영어 성경으로 읽으면 all이라는 단어가 반복된다. 모든 기도 All prayer, 항상 Always, All the time 모든 성도 All saints. 이렇듯 all이라는 단어가 계속 반복된다.

마지막으로 사도 바울은 영적 무장에서 중요한 것이 기도의 무장이라고 말씀하신다. 기도로 싸울 줄 알아야 한다는 것이다. 신앙생활에 가장 중요한 베이직은 말씀과 기도이다. 농구 경기를 보면 경기의 마지막 즈음에 사용하는 전략이 하나가 있다. All court press라 하여 모든 선수가 다 나가서 달려든다. 전체가 막 달려든다. 마지막에 모든 기도가 바로 all court pressing 과 같은 전략이다. 기도에는 다양한 종류가 있다. 개인기도도 있고 중보기도도 있고 아주 다양하다. 모든 기도는 다 신앙생활에 유익한 것이다. 다 활용할 줄 알아야 한다. 그래서 사탄과 싸울 줄을 알아야 한다. 기도의 샘이 말라버리면 우리는 더 이상 싸워 이길 수가 없다. 우리의 기도의 샘은 어떠한가? 여러분의 기도의 샘은 살아있는가? 하나님의 말씀이 살아있고 기도가 살아있는가? 하나님의 말씀이 여러분의 안에 살아 계셔서 좌우에 날 선 검과 같이 움직이며 활동하고 있는가? 하나님의 말씀이 살아 움직이기 때문에 말씀보고 기도하고 나면 막 힘이 나고, 말씀과 기도를 잃어버리면 힘을 잃어버리는 것이다. 말씀과 기도를 잃어버리면 신앙생활 전체가 다 힘을 잃는다(powerless). 더 이상 사탄과 더불어 싸울 수가 없다. 우리가 기도로 사탄과 더불어 싸울 줄 아는 것이 참으로 중요한 것이다.

Ⅳ. 승리하는 가정 순례길이 되려면

가족이 함께 사역하는 가정이 되라

마지막 마무리 결론 부분이다. 우리 가정이 인생의 순례의 길에서 승리하는 가정이 되려면 함께 사역하는 가정이 되어야 한다. 우리 가정의 온 식구가 더불어 사역할 줄 알아야 한다. 첫째로, 빌레몬 가정의 경우 빌레몬이라는 사람과 그 가정에 대해서 빌레몬서 1장 1절과 2절에서 말씀하신다. "1 그리스도 예수를 위하여 갇힌 자 된 바울과 및 형제 디모데는 우리의 사랑을 받는 자요 동역자인 빌레몬과 2 자매 압비아와 우리와 함께 병사 된 아킵보와 네 집에 있는 교회에 편지하노니" 이 짤막한 빌레몬이란 책에서 바울이 빌레몬이란 사람에 대해 언급하는데 내용이 많지는 않지만 어느 정도 짐작할 수가 있다. 우선 바울은 빌레몬을 뭐라고 부르는가? 우리의 사랑을 받는 자요, 나의 동역자로 부른다. 빌레몬은 사랑을 받는 자요, 바울의 동역자이었다. 그 다음에 압비아가 나온다. 압비아는 아마 빌레몬의 아내였을 것이다. 아킵보는 함께 된 병사라고 한다. 아킵보는 아마도 빌레몬의 아들이었을 것이다. 복음을 위해서 일하고 있었기 때문에 군사라는 별명을 지어준 것이다. 아빠는 바울의 동역자, 엄마는 사랑스러운 자매, 아들은 복음의 군사, 참으로 아름다운 팀웍이다.

내 집이 교회가 되는 가정이 되라

내 집에 있는 교회이다. 내 집이 하나의 교회가 되었다. 가정이 바로 교회의 역할을 하고 있다. 두 개의 그림이 있다. 하나는 사탄이 회심의 미소를 흘리고 있다. '내가 교회를 다 닫았다. 내가 교회를 다 닫아 놓았다.' 그러면서 사탄이 웃는다. 그런데 옆에 하나님이 또 웃고 계신다. '나는 모든 가정을 다 교회로 만들었다.' 가정마다 예배가 드려지고 가정이 교회로서 살아났단 말이다. 코로나에도 하나님의 뜻이 있다고 믿는다. 놀라운 뜻이 있다. 부부뿐만 아니라 가정 식구 모두가 하나님의 사역의 팀원이 되어야 한다. 팀웍을 이루어야 한다. 이것이 진짜 크리스천 가정이다.

다음 세대를 지키는 가정이 되라

천로역정 2편에 보면 허영의 도시에서 전투가 벌어진다. 괴물이 아이들을 계속 잡아먹는다. 아이들이 계속 고통을 받고 있다. 그런데 그 도시를 지키던 사람 중 용감(Great Heart)이라는 무사가 나타난다. 이 무사가 순례단원 보고 그대로 놔두면 안 된다고 괴물을 처치하자고 한다. 그래서 온 순례단이 전투에 참여한다. 괴물을 쫓아낸다. 아이들이 더 이상 괴물로부터 괴롭힘을 당하지 않았다. 아이들을 지키는 놀라운 영적 전투에서 승리한 것이다. 우리가 영적 전투를 통해서 다음 세대를 지키고 아이들을 지키는 이러한 일을 할 수 있어야 한다. 수년전 n번방 사건이 크게 터졌다. 다 고등학생들이었다. 이 땅에 청소년들이 얼마나 타락 속에 빠져가고 있는지

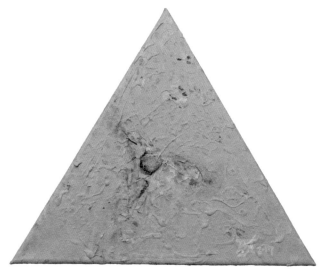

조금이나마 알 수 있었다. 고등학생들을 누가 지킬 것인가? 누가 그들을 보호할 것인가? 우리가 해야 할 영적 전투이다.

다음 세대에게 사명을 바통 터치 하라

드디어 제2편에 마지막에 보면 죽음의 강 앞에 온다. 그 강만 건너가면 된다. 그러면 바로 시온성이다. 새 예루살렘이다. 그런데 그 죽음의 강 앞에 갔을 때 이렇게 2편이 끝난다. 그 강을 건너가는 사람들 앞에서 크리스티아나가 그녀의 네 아들에게 여기에 당분간 머물러 달라고 얘기한다. 이 땅에 잠시 머물러 달라고 한다. 교회의 회원들을 증가시키기 위해서 여러분은 강 이편에 머물러야 한다고 말한다. 아직은 하나님의 나라를 확장하고 교회를 세워 가기 위해서 다 천국 가면 안 된다. 이 땅의 복음화를 위해서 우리가 그들에게 사명을 터치하고 바통을 터치하면서 우리가 저 강 건너편으로 건널 수가 있다. 그러면서 복음의 강을 건너간다. 그때 우리가 이 땅에 복음화를 위해서 훈련된 다음 세대를 남겨두고 저 영원한 나라로 가는 것, 이것이 바로 천로역정의 마지막 도전이다. 이 도전을 기억하고 아름다운 천로역정의 순례의 길을 걸을 수 있기를 축복한다.

> 저 멀리 뵈는 나의 시온성
> 그 거룩한 곳 아버지 집
> 내 사모하는 집에 가고자
> 간밤을 새웠네

하나님 아버지 감사합니다. 우리를 기다리고 있는 영적인 전투 사망의 음침한 골짜기 그러나 그 모든 것을 다 승리하고 우리가 이 땅을 변화시키고 민족을 치유하고 또 열방을 구원하는 이 놀라운 일들 가운데 우리들을 써 주시옵소서. 자녀들이 복음의 군사들이 되게 해 주옵소서. 그들이 하나님 나라의 위대한 미션을 잘 이어받아 감당할 수 있도록 도와 주옵소서. 그 길을 위해 우리가 남은 생애 동안 그 길을 잘 감당할 수 있도록 도와 주옵소서. 이 모든 말씀 우리 주님의 존귀하신 이름으로 기도드립니다. 아멘.

히브리서 11:7에서 믿음의 조상 노아의 믿음의 증거를 성경은 어떻게 기술하고 있습니까?

히브리서 11:7

믿음으로 노아는 아직 보이지 않는 일에 경고하심을 받아 경외함으로 방주를 준비하여 그 집을 구원하였으니 이로 말미암아 세상을 정죄하고 믿음을 따르는 의의 상속자가 되었느니라

Ⅰ| 가정 복음화의 출발

가정 복음화의 두 케이스

1. 가족이 거의 동시에 복음화 되는 케이스

◆ 사도행전 16:30-34을 읽고 빌립보 감옥의 간수의 집안의 사례를 설명해 보십시오.

_____

_____

사도행전 16:30-34

30 그들을 데리고 나가 이르되 선생들이여 내가 어떻게 하여야 구원을 받으리이까 하거늘 31 이르되 주 예수를 믿으라 그리하면 너와 네 집이 구원을 받으리라 하고 32 주의 말씀을 그 사람과 그 집에 있는 모든 사람에게 전하더라 33 그 밤 그 시각에 간수가 그들을 데려다가 그 맞은 자리를 씻어 주고 자기와 그 온 가족이 다 세례(침례)를 받은 후 34 그들을 데리고 자기 집에 올라가서 음식을 차려 주고 그와 온 집안이 하나님을 믿으므로 크게 기뻐하니라

2. 가족 중 누군가가 먼저 믿고 상당한 갈등 후에 가족 회심이 이루어지는 케이스

◆ 마태복음 10:36을 읽고 천로역정 1편 크리스천의 경우를 설명해 보십시오.

_____

_____

마태복음 10:36

사람의 원수가 자기 집안 식구리라

◆ 나의 가정(부모의 가정)은 어떤 경우에 속하는지 나누어 보십시오.

_____

_____

Ⅱ | 가정 복음화의 전제조건

복음의 가치관을 온 가족이 함께 수용하는 것이어야 합니다.

1. 천로역정 2편의 자비 양과 거품(Brisk)씨의 결혼이 이루어지지 못한 경우

2. 아모스 3:3과 마가복음 3:35의 말씀을 비교하여 주의 가정의 필수적 요소가 무엇인지 말해 보십시오.

아모스 3:3

두 사람이 뜻이 같지 않은데 어찌 동행하겠으며

마가복음 3:35

누구든지 하나님의 뜻대로 행하는 자가 내 형제요 자매요 어머니이니라

"최고의 지식은 하나님의 뜻을 아는 것이고 최고의 성취는 하나님의 뜻을 행하는 것이다."(George Truett)

하나님의 뜻 안에서 일어나야 할 세 가지 사건

1) 결혼/영적 연합

 - 자비 양과 마태

- 가이오의 딸 뵈뵈와 야고보
- 나손의 딸 은혜와 사무엘
- 나손의 딸 마르다와 요셉

2) 영적 치유 – 마태의 경우
- 그리스도의 피와 살/회개의 기도의 처방

3) 영적 성숙 – 정직 노인의 축복
- 마태/세리 마태같이 되거라.
- 사무엘/믿음과 기도의 사람이 되거라.
- 요셉/순결을 지키며 유혹을 이기는 사람이 되거라.
- 야고보/우리 주님의 형제같이 되거라.

◆ 성경은 자녀 양육의 가장 위대한 교과서

디모데후서 3:14-17

14 그러나 너는 배우고 확신한 일에 거하라 너는 네가 누구에게서 배운 것을 알며 15 또 어려서부터 성경을 알았나니 성경은 능히 너로 하여금 그리스도 예수 안에 있는 믿음으로 말미암아 구원에 이르는 지혜가 있게 하느니라 16 모든 성경은 하나님의 감동으로 된 것으로 교훈과 책망과 바르게 함과 의로 교육하기에 유익하니 17 이는 하나님의 사람으로 온전하게 하며 모든 선한 일을 행할 능력을 갖추게 하려 함이라

Ⅲ| 가정의 하나 됨을 파괴하는 영적 전쟁

에베소서 6:10-18의 영적 전쟁은 에베소서 5:22-6:9까지의 가정을 배경으로 하고 있음을 주목하십시오.

에베소서 6:10-18

10 끝으로 너희가 주 안에서와 그 힘의 능력으로 강건하여지고 11 마귀의 간계를 능히 대적하기 위하여 하나님의 전신 갑주를 입으라 12 우리의 씨름은 혈과 육을 상대하는 것이 아니요 통치자들과 권세들과 이 어둠의 세상 주관자들과 하늘에 있는 악의 영들을 상대함이라 13 그러므로 하나님의 전신 갑주를 취하라 이는 악한 날에 너희가 능히 대적하고 모든 일을 행한 후에 서기 위함이라 14 그런즉 서서 진리로 너희 허리띠를 띠고 의의 호심경을 붙이고 15 평안의 복음이 준비한 것으로 신을 신고 모든 것 위에 믿음의 방패를 가지고 이로써 능히 악한 자의 모든 불화살을 소멸하고 구원의 투구와 성령의 검 곧 하나님의 말씀을 가지라 모든 기도와 간구를 하되 항상 성령 안에서 기도하고 이를 위하여 깨어 구하기를 항상 힘쓰며 여러 성도를 위하여 구하라

1. 가정의 관계에 마귀가 개입함을 기억하십시오.

- 11절의 마귀의 원어: dia(between) + bolos(throw) / 사이를 이간하다, 관계를 파괴하다.

- 간계/ methodeia(method, 방법, 수단)

2. 하나님의 전신 갑주로 무장하십시오.

- 아름다운 집에서의 무장(엡 6:10-17)

에베소서 6:10-17

10 끝으로 너희가 주 안에서와 그 힘의 능력으로 강건하여지고 11 마귀의 간계를 능히 대적하기 위하여 하나님의 전신 갑주를 입으라 12 우리의 씨름은 혈과 육을 상대하는 것이 아니요 통치자들과 권세들과 이 어둠의 세상 주관자들과 하늘에 있는 악의 영들을 상대함이라 13 그러므로 하나님의 전신 갑주를 취하라 이는 악한 날에 너희가 능히 대적하고 모든 일을 행한 후에 서기 위함이라 14 그런즉 서서 진리로 너희 허리 띠를 띠고 의의 호심경을 붙이고 15 평안의 복음이 준비한 것으로 신을 신고 16 모든 것 위에 믿음의 방패를 가지고 이로써 능히 악한 자의 모든 불화살을 소멸하고 17 구원의 투구와 성령의 검 곧 하나님의 말씀을 가지라

- 겸손의 골짜기 통과
- 사망의 음침한 골짜기 통과

3. 말씀과 기도로 영적 전쟁을 할 줄 알아야 합니다.

에베소서 6:17-18

17 구원의 투구와 성령의 검 곧 하나님의 말씀을 가지라 18 모든 기도와 간구를 하되 항상 성령 안에서 기도하고 이를 위하여 깨어 구하기를 항상 힘쓰며 여러 성도를 위하여 구하라

1) 말씀의 활용
2) 기도의 활용
 - 모든 기도/All prayers

천로역정, 좁은 문

창조적
중년기와 노년기_

축구경기 중 골을 뒤지고 있는 상태에서 전반전이 끝났습니다.
아직 지고 있는 팀의 코치는 게임은 끝나지 않았다고 소리칩니다.
그러나 선수들은 패배가 결정된 것은 아니지만
후반에 만회할 가능성이 거의 없다는 심리적인 압박감에 시달립니다.
전반전에 실수한 선수에게 이 휴식시간은 죄책감으로 만회를 다짐하는
긴장의 시간일 뿐입니다. 이런 전반전과 후반전 사이의 불안과 긴장은
우리 인생에서 중년기의 불안을 대표하는 하나의 비유라고 할 수 있습니다.
그러나 사실은 후반전에도 승리의 가능성은 상존합니다.
아니 더 많은 게임의 역전은 후반전에서 이루어집니다.
여기에 우리가 인생의 중년기와 노년기에 창조적 가능성을
기대할 수 있는 이유가 있습니다.

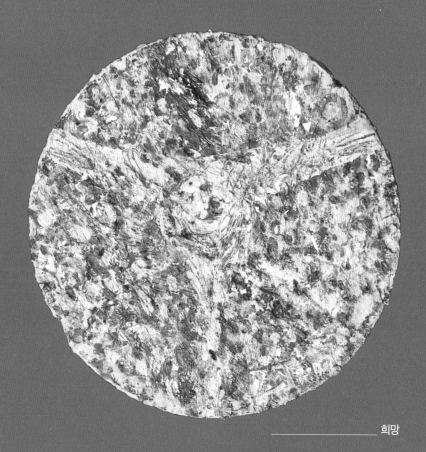

_____ 희망

Holy Pilgrimage for a Couple

조금(a little)

엘리자베스 노벨

설탕을 조금 가지고도
음식 맛이 달게 된다네.

비누를 조금만 가지고도
내 몸이 깨끗하게 된다네.

햇볕을 조금 가지고도
새싹이 자라난다네.

조금 남은 몽당연필로
나는 책 한 권을 쓸 수 있다네.

조금 남은 양초, 하늘하늘 춤추는 불꽃이,
여전히 어둠을 밝힌다네.

가장 큰 선물 _구원

5장 | 창조적 중년기와 노년기

축구경기 중 골을 뒤지고 있는 상태에서 전반전이 끝났다. 아직 지고 있는 팀의 코치는 아직 게임은 끝나지 않았다고 소리친다. 그러나 선수들은 패배가 결정된 것은 아니지만 후반에 만회할 가능성이 거의 없다는 심리적인 압박감에 시달린다.

전반전에 실수한 선수에게 이 휴식시간은 죄책감으로 만회를 다짐하는 긴장의 시간일 뿐이다. 이런 전반전과 후반전 사이의 불안감은 우리 인생에 있어서 중년기의 불안을 대표하는 하나의 비유라고 할 수 있다. 그러나 사실은 후반전에도 승리의 가능성은 상존한다. 아니 더 많은 게임의 역전은 후반전에서 이루어진다. 여기에 우리의 인생의 중년기와 노년기에 창조적 가능성을 기대할 수 있는 이유가 있다. 9회말에서도 홈런을 칠 수 있는 것이다.

지금 중년기를 보내는 분이 계시고 또 노년기를 보내는 분이 계실 줄 안다. 젊은 분도 계시고 또 나이 들어가는 분도 계시다. 부모는 자녀의 희망이자 절망이다. 아마 혹시 이 말이 지금 가슴 깊이 팍 들어오시는 분도 계실 것이다. 부모와의 관련 속에서 얽혀 있는 마음의 타래들, 심리적인 여러 가지 타래들이 느껴졌던 분들이 계실 것이다. 우리가 인생을 살다 보면 부모에 대한 희망을 결코 놓지는 않으나 그 희망만큼 좌절을 겪는 것도 현실이다. 그래서 부모는 자녀의 희망이자 좌절이다.

지금 중년기 노년기를 지나시는 우리들의 부모님의 모습을 바라보면서 지금 절망하는가, 희망하는가? 그리고 여러분의 인생이 또한 여러분의 자녀들에게 그같은 과정을 보여줄 것이라고 생각할 때 우리 자녀들에게 어떤 선물을 줄 것이라고 생각하는가?

Ⅰ. 인생의 4계절과 8단계

인생의 4계절과 8단계라는 도표(206p)가 있다. 에릭 에릭슨이라고 하는 심리학자가 이야기하는 것인데 그것을 간단하게 요약해 놓은 것을 도표로 탑재했다. 특별히 8단계로 인생의 단계를 요약해 놓았는데 그 옆에 보면 인생을 4계절로 카테고리를 만들어 놓았다. 봄, 여름, 가을, 겨울의 각 단계마다 중요한 감정이 있고 그것이 실패할 때 오는 위기 감정이라는 것이 있다. 그런 중요한 감정 형성을 도와주는 중요한 관계라는 것이 있다. 흔히 말하는 중요한 타자가 그 역할을 하게 된다.

봄의 계절로 유아기, 유년기, 소년 소녀기가 있는데 그때 형성돼야 할 중요한 감정이 신뢰, 존중감, 또 자신감 같은 것들이다. 그리고 그것을 형성해주는 중요한 타자가 어머니, 아버지를 포함한 부모님, 주위 어른들이다. 여기에는 선생님들도 포함이 된다.

여름의 계절을 보면 중요한 감정이 안정감과 사랑이다. 그리고 이것을 도와주는 분들이 친구와 이성이다. 그것이 형성되지 못했을 때 사춘기에 정체감 위기를 겪게 된다. 그리고 청년기에는 일종의 고립감, 소속감의 위기라고 할 수 있는 고립감을 경험하게 되기도 한다.

그렇게 여름의 시기를 보내고 가을에 접어들게 된다. 중년기에 중요한 감정은 의미와 창조성이다. 그것을 형성해주는 중요한 관계가 배우자 그리고 친구들이다. 여기에는 직장이든 교회든 공동체의 동료들이 포함된다. 만약 그 중요한 감정이 채워지지 않았을 때 느끼게 되는 위기 감정은 허무감이고 상실감이다.

그리고 인생의 겨울을 맞이하게 된다. 그때 중요한 감정은 희망이다. 나이 들어 늙어가고 육체가 쇠락해가지만 그래도 우리에게 희망이 있다는 것이 우리의 삶을 지탱해준다. 그것이 채워지지 않았을 때 절망감이라는 위기 감정을 느끼게 된다. 이러한 중요한 감정의 중요한 역할을 하는 중요한 관계가 바로 배우자를 포함한 가족들이다. 물론 일찍 가족과 헤어진 분들은 대안 가족이라고 할 수 있는 교회 공동체가 여기에 해당된다고 볼 수 있다.

　호모 헌드레드 시대에서 현재 우리 한국인들의 나이에 따라 봄, 여름, 가을, 겨울을 구분해 보면 봄의 계절은 0세에서 한 25세라고 볼 수가 있다. 여름의 계절은 26세에서 한 50세까지 볼 수 있다. 가을의 계절은 51세에서 75세까지이고 겨울의 계절은 76세에서 100세 이상까지 라고 이렇게 대략 구분해볼 수가 있다.

　UN에서 발표한 생애주기별 연령지표를 보면 그 동안 우리가 생각했던 나이 듦의 관념과 좀 다른 차원의 이야기를 해주고 있다. UN에서는 보통 0세에서 17세 까지는 미성년으로 분류한다. 그리고 18세에서 65세까지를 청년으로 구분한다. 그리고 66세부터 79세까지를 중 장년으로 분류한다. 그리고 80세부터 99세를 노년기라고 한다. 근데 요즘은 100세를 넘으시는 분들이 상당히 있다. 100세 이상을 장수 노인이라고 한다. 그런데 아마 얼마 후에는 이 장수 노인들이 아주 많아질 것이다. 지금도 제가 교회 안에서 장례를 치르다 보면 많은 분들이 90세를 넘으셔서 소천하신다. 90세 이전에 돌아가시는 분들을 보면 참 아깝다는 생각이 든다.

II. 중년기의 특성과 대비

가을의 계절이라고 하는 중년기의 특성과 대비에 대해서 한번 살펴보자. 성경에서 이 중년을 어떻게 표현하고 있을까? 시편 102편 말씀이다. 그래서 시편 102편을 중년의 장, 중년의 시편 이렇게 표현해 볼 수가 있다. 이 말씀을 읽고 이 안에 묘사된 중년에 겪을 수 있는 현상 또는 감정들을 한번 이야기해보자. 시편 102편 "1 여호와여 내 기도를 들으시고 나의 부르짖음을 주께 상달하게 하소서 2 나의 괴로운 날에 주의 얼굴을 내게서 숨기지 마소서 주의 귀를 내게 기울이사 내가 부르짖는 날에 속히 내게 응답하소서" 3절부터 우리 중년의 어떤 특성들을 표현하고 있다. "3 내 날이 연기 같이 소멸하며 내 뼈가 숯 같이 탔음이니이다 4 내가 음식 먹기도 잊었으므로" 식욕이 상실된다는 그런 표현이다. 또 "내 마음이 풀 같이 시들고 말라 버렸사오며" 심리적 의욕상실같은 문제들이 생기기 시작한다. 또 5-8절 말씀에 "5 나의 탄식 소리로 말미암아 나의 살이 뼈에 붙었나이다 6 나는 광야의 올빼미 같고 황폐한 곳의 부엉이 같이 되었사오며" 고독감이 밀려온다는 이야기이다. "7 내가 밤을 새우니 지붕 위의 외로운 참새 같으니이다 8 내 원수들이 종일 나를 비방하며 내게 대항하여 미칠 듯이 날뛰는 자들이 나를 가리켜 맹세하나이다." 중년에 보면 인간관계 위기가 찾아온다. 그리고 젊었을 때, 청년의 때와는 다르게 그 위기가 찾아왔을 때 견딜 수 없는 고통을 겪는다. 중년의 시기에 원수들이 많아진다는 그

런 표현이기도 하다. 특별히 부부관계에서도 이런 어려움을 겪기도 한다. 9절부터 "9 나는 재를 양식 같이 먹으며 나는 눈물 섞인 물을 마셨나이다 10 주의 분노와 진노로 말미암음이라 주께서 나를 들어서 던지셨나이다 11 내 날이 기울어지는 그림자 같고 내가 풀의 시들어짐 같으니이다 23 그가 내 힘을 중도에 쇠약하게 하시며 내 날을 짧게 하셨도다" 사실은 이때가 어떤 생명의 위기를 느끼는, 건강에 위기를 느끼는 그런 시기이기도 하다. 그래서 죽음, 쉽게 드리워질 죽음을 생각하기도 한다. 24절에 "나의 말이 나의 하나님이여, 나의 중년에 나를 데려가지 마옵소서 주의 연대는 대대에 무궁하니이다" 거기에 "나의 중년에 나를 데려가지 마옵소서"라는 말이 나온다. 실제로 이 중년의 시기에 세상을 떠나는 경우들이 많다. 40대가 위기가 많다. 많은 삶의 스트레스로 인해서 또 건강의 손상으로 인해서 젊은 나이에 갑자기 이 땅을 떠나는 경우들이 많이 있다는 것이다. 그래서 마의 40대라는 그런 표현도 있다. 이 말씀과 함께 중년의 증상들을 한번 살펴보도록 하자.

첫째, 정체성의 혼란

첫 번째 정체성의 혼란이다. 여러분들이 처음으로 정체성의 혼란을 느꼈던 때는 언제인가? 대부분 사춘기일 것이다. 왜 그럴까? 애도 아니고 어른도 아니라는 그 어정쩡한 위치 때문에 정체성의 혼란이 온다. 사실은 생애발달 주기로 본다면 본격적으로 정체성을 형성하는 시기는 청년의 시기이다. 20대부터이다. 왜냐하면 뇌과학적 측면에서 보면 우리의 뇌 기능 중에 중요한 역할을 하는 전전두엽이 본격적으로 발달하는 시기가 20대 초반 중반이기 때문이다. 이 전전두엽은 이성적인 사고를 하는, 합리적인 사고를 하는 기능을 우리에게 부여해준다. 그렇기 때문에 20대 전에, 보통 청소년기라고 하는 그 시기에는 판단이 이성적이지가 않다. 굉장히 감성적이다. 흥분에 치우쳐서 잘못된 판단을 할 경우가 많다. 이미 몸은 어른처럼 커가고 있기 때문에 자기를 어른스럽게 여기지만, 실제로 자신의 생각이나 판단은 그에 미치지 못하기 때문에 굉장한 정체성의 혼란을 겪는 시기라고 말을 한다.

그런데 이 중년의 시기는 제 2의 사춘기라고 한다. 사춘기에 비숫한 것들이 많다. 특별히 정체성의 혼란이 동일한 특징이다. 이제는 청년도 아니고, 그렇다고 노인도 아니고. 그 위치 설정하기가 참 어렵다.

둘째, 육체적인 급격한 변화

두 번째는 육체적인 급격한 변화이다. 여성은 폐경기가 찾아오고, 남성은 성적 능력이 아주 급격하게 감퇴하기 시작한다. 저도 한 40대 중반부터 노안이 오기 시작하였다. 갑자기 어느 날 보니까 계단을 내려가는데 갑자기 어질어질했다. 그래서 같은 동료 목사님과 안경점을 찾아갔다. 다초점렌즈를 처음 맞춘 기억이 난다. 육체적인 급격한 변화로 많은 분들이 건강에 관심을 갖기 시작한다. 운동을 하지 않았던 분들도 운동을 시작하기도 하고 또 식이요법을 하기도 한다.

셋째, 감정의 급격한 변화

세 번째는 감정의 급격한 변화이다. 40대의 가장 큰 특성이 불안과 두려움이라 한다. 신체 변화와 함께 감정 변화가 찾아오게 된다. 이 시기에 특별히 찾아오는 불안과 두려움을 신앙이 없으면 이겨내기 어렵다. 한참 바쁜 직장생활, 커가는 자녀들, 가정에 대한 책임감이 잔뜩 주어지는 그런 시기이기 때문에 불안과 두려움이 엄습할 때 밤잠을 자지 못하는 경우도 흔히 있게 된다.

넷째, 가정 생활의 스트레스

가정 생활의 스트레스가 많은 이 시기가 샌드위치 시기이다. 위로는 부모님을 모셔야 하고, 아래는 어린 자녀들을 양육해야 되는 과도한 부담감들로 인해서 가정생활에 큰 스트레스가 있게 된다.

다섯째, 직장 생활의 스트레스

직장생활도 똑같다. 윗사람도 섬겨야 하지만 아랫사람도 챙겨야 되는 어려움들이 있다. 상사가 제시하는 목표도 달성해야 하고 후배 직원들의 업무도 컨설팅해주어야 하는 압박감, 스트레스가 많은 시기이다

여섯째, 성감의 혼란

여섯 번째, 성감의 혼란이다. 중년의 시기는 어떤 성적인 극치를 맛보기도 하지만, 또 한편 퇴보도 함께 경험하는 시기이기도 하다. 그래서 이런 성감의 혼란으로 자신의 어떤 성적인 능력을 확인해 보고 싶어 건강하지 못한 모험을 하는 문제를 낳기도 한다.

일곱째, 빈 둥지 신드롬(Empty Nest Syndrome)

마지막으로 중년의 특징은 빈 둥지 신드롬이다. 자식들을 떠나 보내기 시작하면서 덩그러니 부부만 남게 되는 것이다. 이때 건강한 부부관계가 준비되어 있지 않으면 어색함을 피할 수가 없다. 이번 코로나로 인해서 남편들이, 또 아빠들이 집안에 머무는 시기가

많아졌다. 일찍 퇴근하기도 하고 또는 직장을 출근하기보다는 온라인으로 하면서 가정에 머무는 시간들이 많았다. 이때 두 가지 현상이 함께 나타나기 시작했는데 하나는 부부관계가 아주 급속하게 좋아지는 현상, 또는 부부관계가 급속하게 아주 어려워지는 상황들이었다. 어쩌면 미리 맛보는 중년 이후의 삶이다. 우리 자녀들을 떠나보내고 부부 중심의 삶을 새로 살아가고자 할 때 우리가 어떤 삶을 살게 될까를 미리 예측해보는 중요한 기회가 된 것 같다. 제가 알기로는 선교사님들도 마찬가지라고 하신다. 선교지에 가서 많은 세미나나 프로그램을 함께 할 경우들이 많이 있었는데 선교지에서 부부관계가 아주 좋은 분들이 계시고 아주 어려운 분들이 계시다고 한다. 그렇기 때문에 중년 후기를 준비하거나 노년기를 준비하기 위해서 자녀들의 독립, 자녀들이 부부 곁을 떠나는 것을 서서히 준비할 필요가 있다. 그리고 부부 중심의 삶을 준비할 필요가 있는 것이다.

III. 노년기의 특성과 대비

이제 우리 노년기 특성과 대비에 대해서 함께 나눠보도록 하겠다. UN에서 규정한 생애주기에서 중년기를 79세까지 보고 있다. 80세부터 99세가 노년기고 100세 이상을 장수노인이라고 말씀드렸다. 그러나 우리 사회에서는 일반적으로 65세 이상을 노년기로 규정하기도 한다. 이렇게 65세로 규정하는 이런 어떤 기준은 과거 오래된 기준들이다. 최근에 평균 연령이 늘어가면서 UN에서 새로운 규정을 정하기 시작했다는 것이다.

　사회학자들은 한 나라의 65세 이상이 7% 정도 되면 그 사회를 고령화 사회라고 규정한다. 그리고 14% 이상이 되면 고령 사회라고 한다. 근데 우리나라는 2018년에 14%를 넘어섰다. 이미 2018년부터 고령 사회에 진입을 했다. **나아가 2025년 우리나라 65세 이상 인구는 20.6%로 2025년부터 초고령 사회로 진입할 것이라 한다.**

　65세 인구가 전 인구의 20%를 넘을 때를 초고령 사회라고 한다. 재미있는 것은 선진국이라고 할 수 있는 프랑스, 미국, 독일 같은 나라들은 고령 사회에서 초고령 사회로 가는데 굉장히 오랜 세월이 걸렸다. 프랑스 같은 경우는 150년 이상이 걸렸고 미국도 90년 이상이 걸렸다. 그리고 가까운 일본 같은 경우는 한 36년이 걸렸다고 한다. 그러나 우리나라는 그것보다 훨씬 빠른 속도를 자랑하고 있다. 근데 그것은 부정적으로 볼 수도 있지만 긍정적으로 볼 요소도 있다. 그만큼 우리나라의 경제 발전이 서구 여러 선진국에 비해서 빨리 이루어진 것이다. 그러다 보니까 미리 준비할 여유도 없이 고령 사회, 또 초고령 사회에 진입을 하게 된 것이다. 축복이라고 할 수도 있고 크나큰 시련일 수도 있다.

첫째, 손실의 계절이다.

노년기의 특성을 한번 보도록 하자. 특별히 노년을 위한 성경이 전도서에 있다. 전도서 12장 1-8절 말씀을 통해서 노년기에 경험하는 현상들 또 감정들을 찾아보도록 하자. 12장 1절 "1 너는 청년의 때에 너의 창조주를 기억하라 곧 곤고한 날이 이르기 전에, 나는 아무 낙이 없다고 할 해들이 가깝기 전에" 이 말씀만 보면 청년들을 위한 교훈처럼 들린다. 그런데 이 말씀의 큰 의미는 청년의 때가 너무 신속히 지나간다는 것이다. 그리고 아마 준비할 새도 없이 노년의 때가 올 것이라는 교훈을 주고 있는 말씀이다. 청년의 때가 신속히 지나고 어느새 벌써 내가 노년의 때를 앞두고 있거나 아니면 이미 지나고 있다는 것이다. 이 노년의 때의 특성들이 어떻게 묘사되고 있을까? 3절 "그런 날에는 집을 지키는 자들이 떨 것이며" 노년기의 특징을 보자면 이 수족이 떨리는 현상들을 경험하게 된다. 수족이 떨리고 잘 제어가 안된다.

"힘 있는 자들이 구부러질 것이며" 허리가 구부러진다는 것이다. 건강한 사람들은 허리가 곧다. 걷는 아이들을 보면 허리가 곧바르다. 나이 들어갈수록 등이 굽어진다. 건강의 적신호이다. 그런 분들은 걷기를 많이 하셔야 한다. 걷기를 30분 이상 보폭을 넓게 해서 올바른 자세로 하게 되면 허리에 통증도 극복할 수가 있고 허리가 곧게 펴지게 된다.

"맷돌질 하는 자들이 적으므로" 이가 상하는 것을 말한다. 나이 들어갈수록 치아에 문제가 생겨서 제대로 씹지 못하는 경우들이 있다. 또 "창들로 내다보는 자가 어두워질 것이며" 눈이 어두워진다는 것이다. 그래서 밤길을 무서워하게 된다. 또 "길거리 문들이 닫힐 것이며" 귀를 이야기한 것이다. 청각에 적신호가 온다. "맷돌 소리가 적어질 것이며 새의 소리로 말미암아 일어날 것이며" 아침잠이 없어진다는 이야기이다. "음악 하는 여자들은 다 쇠하여 질 것이며" 목청에 문제가 생긴다. 목청이 탁해지면서 그 맑던 목소리가 둔탁해지기 시작해지는 것이다. "또한 그런 자들은 높은 곳을 두려워할 것이며" 일종의 고소공포증들이 생긴다. 조금 높은 곳에 올라가면 다리가 후들거린다. 그래서 계단을 오르고 내리는 것들이 힘들어지는 현상들을 겪게 된다. 또 "살구나무가 꽃이 필 것이며" 머리가 희어진다는 이야기이다. "메뚜기도 짐이 될 것이며" 힘이 약하게 된다는 것이다. "정욕이 그치리니" 성욕의 감퇴가 오기 시작한다. 또 "금 그릇이 깨지고 항아리가 샘 곁에서 깨지고 바퀴가 우물 위에서 깨지고" 이것은 일종의 상징적 표현인데 두뇌나 심장같은 중요한 우리의 신체적 부위가 약해진다는 표현일 수 있다. 이렇게 여러 가지 신체적 증상, 심리적인 증상들을 겪게 되는 것이 바로 노년기의 현상이라고 볼 수 있다.

그것을 조금 더 정리해 보면 첫 번째로 노년기는 손실의 계절이다. 많은 것들을 잃어버리기 시작한다. "내가 과거에는 그렇지 않았는데" "왕년에는" 그런 얘기를 자주 한다. 건강을 잃어버리기 시작하고 또 많은 분들이 돈을 잃어버린다. 직장 생활을 잘 하시던 분들이 잘못된 투자 과욕으로 인해서 일순간에 재산을 잃어버리는 경우도 있다. 그렇게 총명하던 분들이 어느 순간 정신력이 어두워지는 그런 문제를 겪기도 한다. 그리고 가까운 친구들을 잃어버리기 시작한다.

둘째, 역할 전이의 계절이다.

두 번째로 노년기는 역할 전이의 계절이다. 우리 자식들이 어렸을 때 우리 부모들은 자식 걱정을 한다. 길거리 가는 것도 조심시키고 어디 여행가는 것도 조심시킨다. 그런데 늙으면 오히려 거꾸로 자식들이 부모들을 걱정한다. "아버지 조심하세요. 어머니 조심하세요"라고 조심을 시킨다. 역할이 바뀐다. 아마 중년기를 보냈고 노년기를 보내고 계신 분들은 자녀들에게 잔소리 아닌 잔소리들을 듣는 경우가 많이 있을 것이다.

셋째, 고독의 계절이다.

세 번째로 노년기는 고독의 계절이다. 혼살혼죽, 혼자 살다가 혼자 죽는다. 쓸쓸한 표현이다. 고독사가 늘고 있다. 코로나로 인해서 누구도 그의 죽음을 알지 못하는 고독사의 비극을 많이 경험하게 되었다. 사회생활로부터 후퇴하면서 우리가 겪게 되는 필연적인 실존이라고 볼 수 있다. 이런 고독의 계절에 고독 관리를 잘 해야 한다.

넷째, 정서적 불안의 계절이다.

특히 노년기는 정서적 불안의 계절이다. 노년기에는 분노와 고독의 문제를 잘 관리할 수 있어야 한다. 사실 중년기를 잘 보내지 못하면 분노가 쌓인다. 그때 해결하지 못한 인간관계의 어떤 편하지 못했던 문제들이 해결되지 못한 상태로 노년기를 맞게 되면 마음 안에 억압된 분노들이 우리를 고통스럽게 만든다. 그렇기 때문에 중년기를 보내고 계신 분들이라면 이 중년기를 잘 보내셔야 한다. 인생은 화해를 위한 것이다. 우리는 어린 시절 청년기를 지나면서 우리의 무지함과 어리석음과 또 경험 없는 여러 가지 일들로 인해서 좌충우돌하게 된다. 그때 부모든 형제든 친구든 인간관계의 갈등을 겪는다. 그런데 어떤 분들은 중년기에 들어가면서 또 중년기를 지나면서 아주 지혜롭게 아주 그런 문제들을 풀어가는 분들이 있다. 반대로 오히려 더 꼬이는 분들도 있다. 그런데 그 결실을 노년기에 맺게 된다는 것이다.

인생은 화해를 위한 것이다. 누구든 다 그렇다. 요셉과 형제들의 관계를 생각해보자. 한참 어린 동생이었던 요셉을 팔아버린 형제들이었으나 십 수 년이 지난 다음에 다시 재회하게 된다. 그들은 두려워했다. 힘을 가진 애굽의 총리 앞에서 부들부들 떨 수밖에 없었다. 그러나 요셉은 그 어린 시절 그가 겪었던 그 아픔을 앙갚음

하지 않고 오히려 화해의 장으로 사용을 했다. 그리고 그를 통해서 하나님은 구속사의 섭리를 이루어가는 통로로 요셉을 사용하셨던 것이다. 얼마나 아름다운 일인가? 용서하지 못함은 자신을 파괴하는 조용한 살인마(silent killer)를 자신 안에 품고 다니는 셈이 된다. 자신이 독약을 먹고 상대방이 죽기를 바라고 있는 것과 같다. 나는 용서 못해도 성령의 능력으로는 용서가 가능하다. 불편한 관계가 있었다면 어떻게 하든지 화해를 생각해야 한다. 그리고 기도하셔야 한다. 화해를 하지 못한 마음으로 인해서 갈라진 마음이 있다면 그것을 그냥 놔두시면 안 된다. 결국은 노년기의 그 고통을 맛볼 수밖에 없다. 우리가 분노의 문제를 잘 해결하지 않고 자기 안에 억압하게 되면 그것이 고독을 가져온다.

다섯째, 은퇴의 계절이다.

다섯 번째로 노년기는 은퇴의 계절이다. 100년 전만 해도 평균수명이 50세도 안 되었다. 한참 일하다가 얼마 되지 않아 이 땅을 떠나는 것이 일반적인 모습이었다. 제가 요즘 저희 교인들이나 제 주위에 선배들이나 어른들을 보면서 이런 생각을 한다. 예전 같으면 남자들 같은 경우는 60대 후반이 평균수명이었기 때문에 은퇴를 하시고 5년이나 10년 후에 생을 마무리하는 것이 일반적인 패턴이었다. 그런데 요즘은 저희 교회만 해도 70대 80대가 너무 왕성하고 보기 좋은 모습이다. 그러나 그 시기에 대한 교회나 사회의 준비가 별로 없다. 어떻게 의미 있게 보낼 것이냐는 준비 없이 그

시기를 맞는 것이다. 여러분이 책임지고 여러분들이 지원하고 여러분들이 격려하고 여러분들이 모델이 되길 바란다. 여러분이 앞선 길을 뒤밟아오도록 도와줄 세대는 여러분보다 10년이나 15년 후배들인 다음 세대들이다. 그 다음 세대의 길잡이가 되도록 해야 한다.

저는 노년기 여러 모델들을 생각해보았다. 모세, 갈렙 같은 성경적 모델들도 있지만 최근에는 우리 사회의 시니어의 모델이라고 할 수 있는 분이 김형석 교수님이시다. 국민 철학자라고 한다. 그분이 104세를 바로 앞두고 있다. 그분의 책과 강연들을 들으면 인생은 65세 이후부터라고 한다. 65세부터 80세까지가 가장 지적 능력이 크게 발휘될 수 있는 시기라고 하신다. 통합적인 시각에서 지적 능력을 발휘할 수 있는 가장 좋은 시기라고 하셨다. 그렇다. 김형석 교수님은 고령화 시대의 사회적 모델이다.

100년 전에 평균수명이 50세 미만이어서 어떤 분들은 직장에서 은퇴를 하면 그것으로 끝이었다. 그러나 우리 그리스도인들은 은퇴 이후가 새로운 삶의 시작이다. 은퇴 이후에 고립의 길로 갈 것인가 아니면 새로운 도전의 기회들로 갈 것인가를 우리가 선택하게 된다. 원래 은퇴란 말이 영어로 Retirement 이다. 그 말을 있는 대로 뜯어서 다시 그 의미를 살펴보면 타이어를 갈아 끼운다는 의미가 있다. 새로운 삶을 위해서 낡은 타이어를 다시 갈아 끼운다. 우리가 잘 은퇴를 하게 되면 새로운 삶을 시작할 수 있다. 교회 안에서도 마찬가지이다. 보통 60대가 되면 교회 안에서 중요한 역할들을 후배들에게 물려줘야 된다. 마을장, 팀장을 좀 더 젊은 분들에게 맡겨줘야 한다. 그러나 그때부터 새로운 자리를 찾지 못하는 분들은 굉장한 어려움을 겪는다. 그런데 그런 분들이 가야 하는 새로운 길들이 있다. 지금까지 한 번도 겪지 못한 새로운 길이 있다는 것이다. 우리가 찾아야 한다. 누가 지시해주지 않는다. 그래서 어떻게 교회 안에서나 또는 사회에서 가정 안에서 젊은이들을 격려해주고 지원할 수 있는 그런 창의적이고 의미 있는 삶을 살아갈 것인가를 우리가 찾지 않으면 누구도 찾아주지 않는다. 앞선 세대들이 이런 길을 미리 준비하지 못했기 때문에, 지금 이제 이 노년기를 앞두고 있거나 중년기의 말미에 있는 분들은 그것을 미리 준비해야 한다.

여섯째, 조부모 됨의 계절이다.

여섯 번째는 노년기는 조부모 됨의 계절이다. 잠언 17장 6절을 보면 손자는 노인의 면류관이라고 한다. 얼마나 가슴 뿌듯한 일인지 모른다. 자녀를 잘 키워서 그들을 통해서 하나님께서 창조의 마당에서 우리에게 명령하신 대로 생육하고 번성하라고 하는 이 계명을 지켜가는 이 모습을 보는 것은 얼마나 아름다운 일인지 모른다. 조부모 됨의 계절, 이것도 준비해야 한다.

일곱째, 죽음을 준비하는 계절이다.

일곱 번째, 노년기는 죽음을 준비하는 계절이다. 죽음의 준비를 어떻게 하고 있는가? 지난 세대에 죽음을 공론화시키고 죽음에 대해서 많은 사람들에게 일깨워 주신 분이 계신다. 엘리자베스 퀴블러 로스라는 여성 학자인데, 그분은 사람들이 다루기 꺼려하는 죽음을 다루신 분이었다. 호스피스 운동의 선구자가 되신 분인데 죽음의 단계를 5단계로 보았다. 첫 번째 단계는 부인이다. 자기에게 죽음이 찾아왔을 때 나는 아니라고 부인하는 것이다. 두 번째 단계는 분노이다. 왜 나에게 이 죽음이 찾아왔는지 누구에게든 항변하고 싶은 것이다. 세 번째 단계는 흥정하는 것이다. 하나님에게든 의사에게든 나를 살려달라고 흥정하는 것이다. 네 번째 단계는 낙심하는 것이다. 어쩔 수 없구나 하고 낙심하게 된다. 그리고 나서 마지막 단계로 수용하게 되는 것이다. 여러분은 죽음을 수용할 준비가 되었는가? 언제 어떻게 찾아올지 모르는 죽음 앞에 여러분들은 준비된 마음으로 살아가고 있는가? 늘 준비하고 있어야 한다. 저도 늘 준비한다. 우리가 어떤 순간에라도 죽음이 찾아온다면 그것을 기쁘게 받아들일 수 있는 것은 우리에게 영원한 소망이 있기 때문이다. 부활절 때마다 얼마나 감격스러운지 모른다. 예수님의 고난을 묵상하고, 부활주일 예배를 통해서 부활의 영광을 다시 한번 믿음의 눈으로 바라보면서 내가 이 부활의 은혜를 입겠구나, 그리고 하나님의 은혜로 변화되어서 예수님과 같은 아름답고 영광스러운 모습으로 변화될 그 날을 하나님이 나에게 준비시켜 주시는구나를 생각하니 정말 감사했다. 성경을 보면 사도 바울은 늘 죽음을 준비하면서 살았다. 디모데후서 4장 6-8절을 보면 이렇게 고백하고 있다.

> "6 전제와 같이 내가 벌써 부어지고 나의 떠날 시각이 가까웠도다 7 나는 선한 싸움을 싸우고 나의 달려갈 길을 마치고 믿음을 지켰으니 8 이제 후로는 나를 위하여 의의 면류관이 예비되었으므로 주 곧 의로우신 재판장이 그 날에 내게 주실 것이며 내게만 아니라 주의 나타나심을 사모하는 모든 자에게도니라"

참으로 아름다운 말씀이다. 떠날 시간이 가까워 오자 죽음을 준비하는 모습이다. 그의 죽음은 끝이 아니었다. 그는 죽음은 새로운 삶의 시작이라고 고백하고 있다. 하나님 앞에 나아가는 영광스러운 자가 된 것이다. 그래서 많은 교회들이 예전의 발인예배를 이름을 바꿔서 호칭하기를 천국 환송 예배라고 한다. 그래서 저는 이 천국 환송 예배를 집도하는 것이 굉장히 감사하고 기쁘다. 신앙이 있는 성도를 가족들과 함께 또 많은 성도들과 함께 천국으로 환송하는 예배이기 때문에 엄청 감격스러운 자리이다. 다시 만날 그날을 기약하면서 '잘 가세요. 다시 뵈어요.'라고 하는 것은 그리스도인만이 가질 수 있는 특권이라고 생각한다. 노년기의 특성을 특별히 염두에 두고 내가 준비해야 할 것은 무엇인지를 서로 나눠보도록 하자.

IV. 중년 후기 이후의 창조적 삶을 위한 제안

첫째, 자신의 삶의 변화를 수용하라.

첫째는 자신의 삶의 변화를 수용하라는 것이다. 나이들어가는 것을 자연스럽게 수용해야 한다는 것이다. 여러분들은 나이들어가는 것을 어떻게 느끼는가? 나이들어가는 것은 사람마다 다르겠지만 편하게 느끼라는 것이다. 나이드는 것은 자연스러운 현상이고 나이들어갈수록 사실은 심리적 건강을 위해서 훈련했다면 욕심도 좀 비우게 되고 젊었을 때 경쟁하고 투쟁하면서 왔던 정신적 스트레스를 내려놓을 수가 있고 좀 더 너그러운 태도를 지닐 수가 있다. 수용하는 것들이 필요하다.

둘째, 성공의 직업관에서 의미의 직업관으로 변환하라.

두 번째는 성공의 직업관에서 의미의 직업관으로 변환하라는 것이다. 젊은 시절엔 누구든지 성공을 위해서 달려간다. 그리고 경쟁도 하지만 그것은 젊은이의 어떤 특성이다. 그러나 우리가 나이들어가면서 계속해서 성공에 집착한다면 그것만큼 볼썽사나운 것은 없을 것이다. 그래서 좀 더 의미 있는 직업관으로 전환하는 것이 필요하다. 의미 있는 삶을 찾아야 하는데 의미 있는 삶이란 사명 중심의 삶, 하나님이 주신 사명, 그 사명을 붙드는 삶, 특별히 주님의 부름에 응답하는 삶이 우리에게 필요하다.

셋째, 경건의 시간을 개발하라.

물가에 심겨진 나무는 가뭄이 와도 그 잎이 청청하며 결실이 그치지 않는다. 포도나무가 가지에 붙어있으면 많은 열매를 맺는다. 노년기일수록 포도나무 줄기 되시는 내 하나님께 붙어있어야 살아갈 수 있고 나아가 열매를 맺는다. 경건의 생활을 개발하라. 경건의 시간을 개발하라. 노년기의 특성 중 하나는 고독이다. 고독을 느끼면 느낄수록 하나님을 찾아야 한다. 하나님께 더 가까이 나아가야 하겠다. 우리에게 정말 중요한 것이 있다면 믿음인 것이다. 우리는 하나님과 함께하기 위해서 잠시 사람들을 물리치고 하나님과 대면하기 위해서 독거를 선택할 수 있는 것도 가능하다는 것이다.

넷째, 동성 간의 상호지원그룹을 참여해서 우정을 개발하라.

네 번째는 상호지원그룹이다. 동성 간의 상호지원그룹을 참여해서 우정을 개발하라. 저는 노년기에 이것만큼 중요한 것은 없다고 본다. 스위스의 외과 의사이자 또 정신의학에 중요한 역할을 했던 폴 투르니에라고 하는 기독교 학자가 계신다. 이분이 하는 얘기가 노년기가 되면 될수록 배우자와의 관계가 원만해야 한다는 것이다. 그리고 삶을 나눌 수 있는, 마음을 나눌 수 있는 몇 사람의 동지 친구가 있다면 결코 불행해질 수 없다는 것이다. 그래서 이분이 경험했던 지원 그룹이 AA 그룹이라고 하는 알콜 중독자 치료 모임으로 발전이 되었다. 지금도 많은 영성훈련에 이런 원리들이 적용이 된다. 지원그룹이 반드시 필요하다는 것이다. 저희 교회는 셀 교회이기 때문에, 6명에서 12명 정도의 인원이 셀을 이루어서 삶을 나누고 말씀을 나눈다. 잘 되는 셀은 거기서 엄청난 에너지를 얻는다.

다섯째, 의미 있는 가족관계를 발전시키라.

다섯 번째, 의미 있는 가족관계를 발전시키라. 제가 인생은 화해를 위한 것이라고 했는데 가족 간에 때로 살아오면서 많은 상처를 주기도 받기도 하고 갈등을 겪기도 하지만, 우리의 중년 이후의 삶은 그들과 화해하기 위한 삶이어야 한다. 그래서 요셉의 경우를 떠올리면 좋다.

여섯째, 은퇴 이후의 할 일을 미리 준비하라.

여섯 번째, 은퇴 이후의 할 일을 미리 준비하라. 40대, 50대에는 60대, 70대, 80대 때에 어떻게 살 것인지 그림을 그려보면 좋다. 그리고 그것의 모델이 될 만한 분들을 찾아보라. 그리고 그 모델을 통해서 내가 어떻게 살 것인지 한번 꼭 찾아보시기 바란다. 저도 104세 철학자 김형석 교수님 같은 분들을 제 나름의 인생의 모델로 삼아서 노년기를 어떻게 살 것인지 제 나름대로 디자인해보게 된다.

일곱째, 하나님을 신뢰하라.

일곱 번째, 하나님을 신뢰하라. 가장 중요한 것이다. 하나님과의 관계가 탄탄하면 그 어떤 삶의 시련도 이겨낼 수 있다. 믿음을 갖고 있다는 것은 세상이 빼앗을 수 없는 기쁨, 세상이 줄 수도 없는 기쁨을 가지고 주어진 삶을 살아갈 수 있다는 것이다. 우리가 갖고 있는 믿음으로 말미암은 신앙과 소망은 이 세상 어떤 것과도 비교할 수 없는 커다란 자원이다. 젊었을 때는 이런 소망들이 그렇게 현실적으로 느껴지지 않았지만, 나이들어갈수록 하나님이 우리에게 주신 약속 소망이 더욱 더 현실적으로 다가오게 된다. 그리고 그것을 사모하게 된다. 현실의 어려움들을 인내하고 이겨낼 수 있는 힘이 믿음에 있다.

노후에 중요한 세 가지가 있다고 한다. 우리 노후의 꼭 필요한 세 가지, 먼저는, 돈이 있어야 한다. 없으면 못 산다. 그래서 우리가 노후를 위한 자금을 어느정도 준비를 해야 한다. 지혜롭게 준비해야 한다. 두 번째는 건강이다. 건강하지 않으면 아무 소용없다. 그리고 마지막으로 관계이다. 고독의 문제가 찾아오기 때문에 관계를 튼튼히 하는 것들이 필요하다.

그런데 이 세 가지를 어떻게 할 수가 있겠는가? 실제적으로 어떻게 삶 속에서 실천할 수 있겠는가? 돈, 건강, 관계의 문제들을 세 가지를 한 묶음으로 묶어서 해결할 수 있는 것은 일이다. 말년에 돈 없는 일보다 할 일 없는 것이 가장 힘들다. 제가 경험하는 교인들, 저와 함께 동역하는 분들을 보면 예전에는 직업의 귀천을 많이 따졌으나 지금은 많이 사회적인 인식이 달라졌다. 평생 교사로 일하셨던 분이 은퇴 후에 새로운 일, 아파트 관리인을 택하였다.

또 공무원으로 일평생 일하셨던 분이 차량 운전, 학원 버스 운전하는 일들을 택하였다. 저와 함께 동역한 분들 중 그런 분들이 적지 않다. 그래서 어떠냐고 물어보니 "너무너무 신나요. 너무너무 좋아요."라고 말한다. 조금이라도 몸을 움직일 수 있다는 것, 어느 정도 경제적인 소득을 올릴 수 있다는 것, 그리고 다른 사람을 섬길 수 있다는 것, 관리하시면서 주민들과 접촉하시면서 섬기는 삶, 그리고 유치원 버스를 운전하시면서 섬기는 삶을 살 수 있다. 그렇게 얼마든지 그리스도인들은 의미 있는 삶을 추구할 수 있는 것이다.

그러기 위해서는 일을 해야 한다. 제 동료들, 제 친구들 중에는 선교사님들이 많다. 왜냐하면 1960-1970년대에 캠퍼스 부흥이 많이 일어나서 그때 헌신한 선배나 후배나 굉장히 많은 분이 선교사로 헌신해서 사역을 하고 있기 때문이다. 만나면 그런 얘기를 한다. 선교사 은퇴하고 뭐 할 것인가? 한국에 기반이 없기 때문에 막막하다. 저는 한국에 있는 우리 동료, 그리스도인들, 친구든지, 후배든지, 성도든지 누구라도 그분들의 삶을 어느 정도 준비해줘야 한다는 생각이 든다. 물론 그분들도 적극적으로 준비를 해야겠지만, 그 준비하는 방법 중 하나가 일하게 하는 것이다. 일할 수 있는 터전을 마련하는 것이다. 그리스도인들이 젊었을 때처럼 욕심내서 성공하기 위해서 부의 획득을 위해서 경쟁하면서 했던 일이 아니라 의미 있게 하기 위해서 그런 일을 찾아야 한다. 각자의 전공도 있을 것이고 그동안 관심은 있었지만 자기 직업 때문에 하지 못했던 새로운 일을 찾아낼 수 있다. 저는 그리스도인들이 연대하면 된다고 생각한다. 각 분야의 전문가들이 모여서 지혜를 모아서, 우리 그리스도인들이 모여서 사회를 위해서 교회를 위해서 우리 가족들을 위해서 할 일들을 찾아야 된다. 그래서 일을 하게 해야 한다. 여러분도 한번 기도해보시면 좋을 것 같다.

마지막 결론을 내리겠다. 사무엘 울만이라고 하는 시인이 《젊음》이란 시에서 이런 얘기를 했다. "나이를 더해가는 것만으로 사람은 늙지 않는다. 이상을 잃어버릴 때 비로소 늙는다. 그대에게도 나에게도 마음의 눈에 보이지 않는 우체국이 있다. 인간과 하나님으로부터 아름다운 희망, 기쁨, 용기, 힘의 영광을 받는 한 그대는 젊다." 아름다운 시이다. 그렇게 살면 좋겠다. 죽을 때까지 꿈을 갖자. 죽을 때까지 봉사하며 일하자. 죽을 때까지 공부하며 배우자. 사도 바울이 그렇게 고백했다. 우리가 낙심하지 아니하고 우리의 겉사람은 낡아지나 우리의 속사람은 날로 새로워지는 도다.

> "그러므로 우리가 낙심하지 아니하노니 우리의 겉사람은
> 낡아지나 우리의 속사람은 날로 새로워지도다"(고후 4:16)

I | 인생의 네 계절과 8단계

계절	단계	위기감	중요한감정	중요한관계
봄	유아기 유년기 소년·소녀기	의심 수치감 열등감	신뢰 존중감 자신감	어머니 부모 주위 어른들
여름	사춘기 청년기	정체위기감 소속감	안정감 사랑	친구 이성
가을	중년기 중년 이후	허무감	의미 창조성	배우자
겨울	노년기		희망	

◆ 나의 봄, 여름, 가을, 겨울을 돌아가며 짤막하게 요약하여 말해 보십시오.

_____

_____

II | 중년기의 특성과 대비

◆ 시 102편 1-11,23-24절 말씀을 읽고 이 본문 안에 묘사된 중년기에 겪

을 수 있는 현상이나 감정들을 지적해 보십시오.

_____

_____

시편102:1-11, 23-24

1 여호와여 내 기도를 들으시고 나의 부르짖음을 주께 상달하게 하소서

2 나의 괴로운 날에 주의 얼굴을 내게서 숨기지 마소서 주의 귀를 내게
  울이사 내가 부르짖는날에 속히 내게 응답하소서

3 내 날이 연기 같이 소멸하며 내 뼈가 숯 같이 탔음이니이다

4 내가 음식 먹기도 잊었으므로 내 마음이 풀같이 시들고 말라 버렸사
  오며

5 나의 탄식 소리로 말미암아 나의 살이 뼈에 붙었나이다

6 나는 광야의 올빼미같고 황폐한 곳의 부엉이같이 되었사오며

7 내가 밤을 새우니 지붕 위의 외로운 참새 같으니이다

8 내 원수들이 종일 나를 비방하며 내게 대항하여 미칠 듯이 날뛰는 자
  들이 나를 가리켜 맹세하나이다

9 나는 재를 양식 같이 먹으며 나는 눈물 섞인 물을 마셨나이다

10 주의 분노와 진노로 말미암음이라 주께서 나를 들어서 던지셨나이다

11 내 날이 기울어지는 그림자 같고 내가 풀의 시들어짐 같으니이다

23 그가 내 힘을 중도에 쇠약하게 하시며 내 날을 짧게 하셨도다

24 나의 말이 나의 하나님이여 나의 중년에 나를 데려가지 마옵소서 주
  의 연대는 대대에 무궁하니이다

1. 정체성의 혼란

2. 육체의 급격한 변화

3. 감정의 급격한 변화

4. 가정생활의 스트레스

5. 직장생활의 스트레스

6. 성감의 혼란

7. 빈 둥지 시드롬 Empty nest Syndrome

◆ 우리 부부의 삶에서 경험되는 중년기 증상들을 나누어 보십시오.

_____

_____

Ⅲ| 노년기의 특성과 대비

◆ 전도서 12장 1-8절 말씀을 읽고 노년기에 경험하는 현상과 감정들이
무엇인가를 지적해 보십시오.

_____

_____

전도서 12:1-8

1 너는 청년의 때에 너의 창조주를 기억하라 곧 곤고한 날이 이르기 전
에, 나는 아무 낙이 없다고 할 해들이 가깝기 전에

2 해와 빛과 달과 별들이 어둡기 전에, 비 뒤에 구름이 다시 일어나기 전
에 그리하라

3 그런 날에는 집을 지키는 자들이 떨 것이며 힘 있는 자들이 구부러질
것이며 맷돌질 하는 자들이 적으므로 그칠 것이며 창들로 내다 보는
자가 어두워질 것이며

4 길거리 문들이 닫혀질 것이며 맷돌 소리가 적어질 것이며 새의 소리
로 말미암아 일어날 것이며 음악하는 여자들은 다 쇠하여질 것이며

5 또한 그런 자들은 높은 곳을 두려워할 것이며 길에서는 놀랄 것이며 살구나무가 꽃이 필 것이며 메뚜기도 짐이 될 것이며 정욕이 그치리니 이는 사람이 자기의 영원한 집으로 돌아가고 조문객들이 거리로 왕래하게 됨이니라

6 은 줄이 풀리고 금 그릇이 깨지고 항아리가 샘 곁에서 깨지고 바퀴가 우물 위에서 깨지고

7 흙은 여전히 땅으로 돌아가고 영은 그것을 주신 하나님께로 돌아가기 전에 기억하라

8 전도자가 이르되 헛되고 헛되도다 모든 것이 헛되도다

1. 손실의 계절

2. 역할 전이의 계절

3. 고독의 계절

4. 정서적 불안의 계절

5. 은퇴의 계절

6. 조부모 됨의 계절

7. 죽음의 준비

◆ 부부 사이에 위의 특성 가운데 내가 제일 두려워하는 것은 무엇인가
를 나누어 보십시오.

_____

_____

Ⅳ | 중년 후기 이후의 창조적 삶을 위한 제안

1. 자신의 삶의 변화를 수용하라.
2. 성공의 직업관에서 의미의 직업관으로 전환하라.
3. 경건의 생활을 개발하라.
4. 남성 상호간/여성 상호간의 지원그룹support group에 참여하여 우정을 개발하라.
5. 의미 있는 가족관계를 발전시켜라.
6. 은퇴 이후에 할 일을 미리 준비하라.
7. 하나님을 신뢰하라.

반드시 읽을 책

이동원, 『노년 항해를 준비하라』 연합가족 상담연구소

——————————— 위로

6장

영적 침체의
치유

신앙의 선배들은 우리의 믿음의 여정에 있어서
어느 날 갑자기 찾아오는 그 누구도 예외 없는
소위 '영적침체Spiritual Depression'의 과정을 걷는다고 증언합니다.
더 오래된 교회 역사에서 영성가들은 이런 체험을 가리켜
'메마름의 계절Dry season' 혹은 '영혼의 어둔 밤Dark night of the soul'이라는
표현을 쓰기도 했습니다.
다양한 이유로 우리는 갑자기 영적 식욕을
상실함으로 기도도 메마르고 말씀에 대한 갈망도 사라진 채
삶의 의욕을 잃어버린 채로 짧게는 몇 주에서 몇 달 혹은 몇 년에 이르는
영적 낙심과 방황을 하게 된다는 것입니다.
이것은 엘리야 같은 구약의 믿음의 영웅, 하나님의 사람에게도 예외가 아니었습니다.
우리가 일상의 영적 건강을 회복하기 위해서
우리도 이 영적 침체의 마당을 잘 들여다 볼 필요가 있습니다.

부활

Holy Pilgrimage for a Couple

땅끝에서
주님을 부릅니다

땅끝에서 주님을 부릅니다

내 힘으론 오를 수 없는 저 바위 위로 나를 인도하소서

기도는 모든 시련과 시험과

유혹의 쇠사슬을 끊는다 하셨으니

기도의 방패 높게 들게 하소서

사방을 둘러보아도 어둠인 이 시대

당신의 말씀만이 등불 되게 하소서

칠흑처럼 깜깜한 망망대해

당신의 사랑만이 나침반 되게 하소서

- 편집실

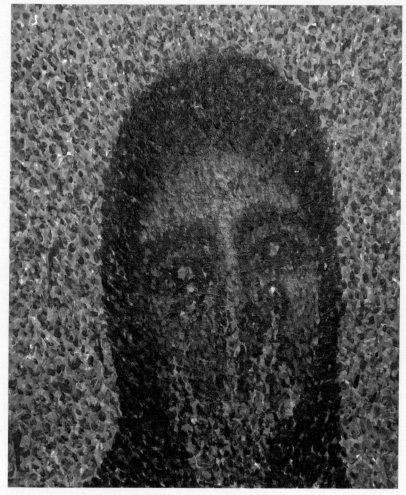

_____ 주의 눈물

우리 인간은 영적인 존재이고 그리스도인들은 우리가 예수 그리스도를 나의 구주와 주님으로 영접한 다음에 그리스도의 영이신 성령이 우리 안에 거하는 사람들이다. 그래서 우리의 영적인 삶이 살아나야 모든 것이 다 오케이다. 우리가 가정 생활, 부부 생활 다 좋지만 영적으로 죽어버리면 아무것도 할 수 없다. 말씀이 들려야 삶이 열린다. 말씀의 은혜가 내 마음에 차면 슬픔 많은 이 세상도 천국이 될 수 있다. 그래서 이 시간에는 특별히 영적 침체의 치유라는 특별한 강의를 나누려고 하는데 내가 좋아하는 강의 중에 하나이다. 왜냐하면 이것이 꼭 필요하기 때문이다.

우리 개신교에서 많이 쓰는 영적 침체(spiritual depression)란 우리가 신앙 생활을 하다가 영적 침체 속에 빠질 수가 있다는 말이다. 좀 더 오래된 옛날에 우리 신앙의 선배들은 영적 침체의 경험을 메마름의 계절(dry season)이라는 표현을 쓴 사람이 있다. 모든 것이 메말라 버린 마치 중동 지방 사막지대처럼 모든 것이 다 말라버린

보기만해도 가슴이 타는 그런 답답함이 우리 신앙 생활에도 찾아와 우리의 신앙이 어느 날 갑자기 그렇게 사막화될 수도 있다. 물을 부을 수도 없다. 풀이 말라버린다. 모든 것이 다 말라버렸다. 찬양도 안 나오고 기도도 안 나오고 기쁨도 메마를 수가 있다. 초대 교부 시대가 지나고 사막 교부 시대가 오는데 그때 벌써 이런 표현을 쓰고 있었다. 영혼의 어두운 밤이라고(dark night of the soul). 갑자기 어두워진다. 아무것도 보이지 않는다. 하나님의 임재(presence of God)가 느껴지지 않는다. 임재가 느껴지기는커녕 하나님의 부재(absence of God)를 느낀다. 아무리 생각해도 하나님이 안 계신 것 같다. 내 기도를 듣고 계시지 않는 것 같다.

중요한 것은 하나님의 사람, 영적인 사람들도 그런 지경에 빠질 수가 있다는 것이다. 본문의 대표적인 사례가 엘리야다. 엘리야가 누구인가? 구약의 두 명의 영웅 중 하나이다. 우리가 흔히 말하는 율법과 선지자의 글이 구약의 양대 산맥인데 율법을 대표하는 모세, 선지자를 대표하는 엘리야의 글이다. 그래서 예수님이 신약에 변화된 모습으로 등장할 때 모세와 엘리야를 데리고 등장하신다. 엘리야의 별명은 하나님의 사람(Man of God)이다. 우리에게 만약 그런 별명이 주어진다면 얼마나 영광스러울까? 어떤 사람은 아침에 눈을 뜨면 주야로 돈만 묵상하는 사람이 있다. 그런 사람은 돈의 사람이다. 어떤 사람은 아침에 눈을 뜨면 내가 어떻게 권력을 딸까, 벼슬을 딸까를 묵상한다. 그런 사람은 권력의 사람이다. 어떤 사람은 아침에 눈을 뜨면서부터 이성을 묵상하고 주야로 계속 성만 묵상하고 있다. 그런 사람을 우리가 성인이라고 한다. 이런 사람들이 좋아하는 인터넷 사이트가 성인 사이트이다. 그런데 하나님의 사람이라면 얼마나 좋을까?

그런데 이런 엘리야가 이제 열왕기상 19장을 보면 이런 독백을 쏟아 놓고 있다. 열왕기상 19장 4절에 "자기 자신은 광야로 들어가 하룻길쯤 가서 한 로뎀 나무 아래에 앉아서 자기가 죽기를 원하여 이르되 여호와여 넉넉하오니 지금 내 생명을 거두시옵소서 나는 내 조상들보다 낫지 못하니이다"라고 절규한다. "하나님, 저 살고 싶지 않아요. 제 생명 가져가세요. 저 죽어버리고 싶어요." 어떻게 하나님의 사람인 엘리야가 그럴 수 있을까? 현대어로 성경을 다시 쉽게 풀어서 설명한 유진 피터슨의 메시지 성경에는 이 대목이 이렇게 번역 되어있다. 아주 실감 있는 현대어로 번역을 했다. "하나님 이만하면 됐습니다. 저를 죽여주십시오. 저는 제 조상과 함께 무덤으로 돌아갈 준비가 되었습니다." 엘리야가 이런 지경에 처했다. 이것이 바로 메마름의 계절, 영혼의 어두운 밤이다. 이것이 빨리 끝날 수도 있다. 2주, 3주, 한 달에 끝날 수도 있지만 어떤 경우에는 석 달, 반 년, 일 년, 혹은 일이 년 이렇게 오랫동안 고생하는 사람들도 있다. 우리가 각자의 신앙생활에서 이러한 영적인 침체의 늪 속에 빠져버릴 수가 있다.

I. 엘리야의 영적 침체의 원인 진단

우선 엘리야의 영적 침체 원인을 진단할 필요가 있다. 저와 여러분도 엘리야를 통해서 진정한 치유를 먼저 경험하기 위해서이다. 엘리야가 어쩌다 이런 지경이 되었을까? 그 원인을 진단할 필요가 있다.

첫째, 쉼이 없는 지나친 분주함의 신체적 스트레스

쉼이 없는 지나친 분주함은 신체적 스트레스가 된다. 엘리야는 너무 바빴다. 오늘 본문이 열왕기상 19장인데 19장 오기전에 17장부터 엘리야의 사적이 시작되는데 17장, 18장, 그리고 19장 오늘 본문에 오기 전까지의 그 과정을 보면 엘리야가 삶의 주거지를 계속 옮겨 다닌다. 처음에 길르앗에서 출발해서 사마리아 땅의 그릿이라는 골짜기, 그 다음에 사르밧으로 다시 올라간다. 레바논 쪽이다. 다시 갈멜로 내려온다. 그리고 이스르엘 평원으로, 그리고 저 남쪽에 브엘세바까지 간다. 그동안 시간이 삼 년이 흐른다. 삼 년 동안 일곱 번 이상 삶의 주거지를 옮겼다. 쉽게 이렇게 생각하면 된다. 내가 삼 년 동안 일곱 번 이상 이사 갔다. 스트레스 걸릴 만하다. 이사 한 번만 해도 힘들다. 코로나 시절, 선교사님들이 한국에 나왔다가 돌아가지 못하고 한국에 머무르는데 얼마나 불편할까? 옮긴다는 것이 쉬운 일이 아니다. 엘리야는 그렇게 바쁘게 계속 옮겨 다녔다. 그러다가 털썩 주저 앉는다. 그리고 엘리야는 "하나님, 저 더 이상 살고 싶지 않아요. 내 생명 가져가세요." 이렇게 절규하고 있는 것이다. 우리도 그럴 수가 있다. 저도 여러분도 그럴 수 있다.

대부분의 경우 영적 침체의 일차적 원인은 육체적인 스트레스(Physical stress)이다. 너무 육체적으로 바쁘게 산 것이다. 저는 최근에 우리 한국 사람들이 정말 너무 바쁘게 살고 있다고 생각한다. 물론 이 바쁨과 빠름이 대한민국이라는 나라를 선진국을 따라잡는 나라로 발전시킨 것도 사실이지만, 그것 때문에 많은 한국 사람들이 육체적으로 정신적으로 병들어 있단 말이다. 그리고 크리스천도 예외는 아니다. 크리스천 사역자들도 예외가 아니다. 사역자들 가운데도 병든 사람이 너무나 많은 것이다. 스트레스에 걸려 있고 병들어 있고 힘들어 하는 사람들이 너무나 많다. 조금 여유를 가질 때도 됐는데 그걸 못 한다는 말이다. 어쩌면 코로나라는 것은 너무나 바쁘게 살아온 이 시대의 인류에 대한 하나님의 채찍일지도 모른다. 우리가 집에 들어 앉아서 조금 생각하면서 오히려 하나님과 나 사이의 영적인 교통의 시간을 가지면 어떨까?

저는 본래 한국 사람들이 바빴다고 생각하진 않는다. 산업화의 영향이다. 산업화 이전만 해도 옛날의 한국인들은 풍류를 아는 여유를 아는 멋진 민족이었다고 생각한다. 좁은 땅덩이에서 경쟁하기 시작하면서 그 경쟁 문화가 우리의 육체적인 심리적인 모든 가능성과 여유를 다 박탈해버리고 말았다. 산업화를 대표하는 바쁨이 라면이라고 생각하는데, 한국 사람들이 라면을 먹고서부터 바빠졌다고 한다. 그때부터 바빠졌다. 라면은 우리 한국 사람들의 기호에 딱 맞는 식품이다. 물 끓여 놓고 한 오 분이면 해결된다. 오 분 안에 식사를 해결할 수 있단 말이다. 물론 요즘은 건강 생각해서 조금 라면을 피하는 경우들도 있지만, 라면은 천성적으로 우리 기질에 맞는다. 사실 라면을 처음 만든 것은 일본 사람이다. 근데 일본 사람보다 한국 사람에게 기질적으로 더 어울린다. 그래서 일본 사람들이 처음에 시작했지만, 지금은 라면의 수출에 관한한 일본 라면을 한국 라면이 압도했다. 그리고 종류별로 우리는 라면을 다 만들었다. 숫자별로 만들었다. 1. 일번지 라면. 2. 이백냥 라면. 3. 삼양라면. 4. 사발면. 5. 오향면. 6. 육개장 라면. 7. 칠보면. 8. 팔도라면. 9. 구운 면. 10. 열라면. 심오한 영적 통찰에서는 은혜를 안 받고 이런 엉뚱한 데서 괜히 감동을 받고 끝나면 꼭 와서 물어본다. "팔번이 뭐죠?"

꼭 바쁜 게 좋은 것만은 아니다.

둘째, 정서적 심리적 고갈

이렇게 된 또 하나의 원인은 정서적, 심리적인 고갈이다. 열왕기상 19장 10절에 다시 한 번 엘리야의 고백을 읽어보겠다. "그가 대답하되 내가 만군의 하나님 여호와께 열심이 유별하오니 이는 이스라엘 자손이 주의 언약을 버리고 주의 제단을 헐며 칼로 주의 선지자들을 죽였음이오며 오직 나만 남았거늘 그들이 내 생명을 찾아 빼앗으려 하나이다" 여기 허탈한 엘리야의 고백 중 특별히 우리

필그림 하우스의 사계 (여름)

가슴에 딱 다가오는 이런 표현이 남아있다. "이제 나 혼자 밖에 없습니다. 그 전에는 내가 하나님께 열심이 특심했습니다. 내가 최선을 다했는데 결과가 없습니다." 선교지에서 그렇게 열심히 했는데 결과가 없다는 말이다. 나 혼자뿐이라는 생각이 엄습한다. 정서적인 고갈에 대한 심리적인 고백이다. 이러한 정서적, 심리적 고갈이 영적 침체의 또 다른 원인이 될 수 있다.

셋째, 영적 초점의 상실

엘리야가 이런 영적 침체에 빠진 또 하나의 짐작할 만한 원인은 육체적인 것, 정서적인 것 이외에 영적인 것이다. 영적 초점을 잃었다. 지금 엘리야의 모든 신경은 자기를 둘러싼 환경에만 집중되어 있다. 19장 3절, 엘리야가 이 형편을 보고 이세벨이 자기 목숨을 노

리고 있는 그 상황만 보았다. 그리고 브엘세바란 곳으로 도망갔다. 거기에는 하나님을 바라봄이 전혀 없다. 하나님과의 교통도 없다. 영적인 초점(spiritual focus)를 잃어버린 것이다. 이것이 엘리야가 영적 침체에 빠진 원인이다.

지금까지의 엘리야의 달라진 모습을 한번 보자. 지금까지의 엘리야는 말씀을 붙들고 살았다. 말씀 없이 한걸음도 그는 나아가지 않다. 예컨대 열왕기상 17장 2절과 5절, 그에게 말씀이 임하고 그는 말씀을 붙들고 간다. 그릿 시냇가에 아무것도 없는데 시냇물 조금밖에 없는 그곳으로 간다. 먹고 살 것두 없는 데로 간다. 말씀만 붙들고 가는 것이다. 또 17장 8절과 9절, 말씀이 또 엘리야에게 임했다. 시냇물이 다 말랐는데 이제는 사르밧으로 가라 하시니까 일어나서 간다. 그는 결코 말씀보다 앞서지 않았다. 항상 말씀을 따라가고 말씀의 인도를 받아서 옮겼다. 다른 장소로 옮길 때 반드시 거기에 말씀의 인도가 있었다. 18장 1절과 2절, 지금까지 엘리야는 아합을 피해서 도망 다니고 있었다. 아합이 엘리야의 목숨을 노리고 있었다. 근데 갑자기 말씀이 임했다. "너, 아합을 가서 만나라." 만나러 간다. 말씀하셨기 때문에 말씀을 붙들고 말씀을 따라서 간다. 일관성 있게 말씀을 따라 행동했는데, 지금 19장에서 브엘세바라는 곳에 갈 때는 말씀이 없었다. 말씀과 상관없이 행동한다. 어느 날 갑자기 엘리야의 삶 속에서 말씀이 실종된 것이다. 말씀이 증발해 버렸다. 더 이상 설교가 들려오지 않고 성경을 봐도 은혜로 다가오지 않고 말씀이 말씀으로 다가오지 못한다. 말씀과 상관없이 산다. 가평 필그림하우스에 천로역정 순례 길이 있는데, 크리스천이 고난의 언덕(hill difficulty)을 넘어서 아름다운 집에 들어가기 직전에 정자가 있는데 잠깐 쉬자 하다가 그만 깜빡 졸아버렸다. 그리고 한참 가다 보니까 말씀을 잃어버렸다. 그래서 다시 돌아와서 말씀을 다시 찾는 고된 작업이 필요했다. 그처럼 우리가 언제라도 말씀을 잃어버릴 수가 있다. 말씀과 상관없이 우리도 살 수 있다. 엘리야가 죽어버리고 싶다고 절규한다. 이것이 영적인 포커스를 잃어버린 사람의 모습일 수 있다. 뿐만 아니라 영적 초점을 상실한 모습을 본문은 이렇게 말한다. 그가 이세벨이 자기 목숨을 노리고 있다는 형편만 본다. 근데 보지 못하는 것이 있다. 하나님은 보지 못한다. 하나님이 안 보인다. 그냥 고단한 환경, 그 힘든 환경만 보이지 하나님이 보이지 않는다.

II. 엘리야에게 베푸신 하나님의 치유

엘리야의 드라마가 여기서 끝날 순 없다. 넘어진 채로 있을 순 없다. 다시 일어나야 할 엘리야를 위해서 하나님 편에서 엘리야를 향한 힐링이 시작된다. 엘리야를 향한 하나님의 치유가 시작된다. 19장 5절에 시작된다. 천사를 보내어 엘리야를 만지기 시작한다. 치유의 역사(healing touch)가 시작된 것이다. 천사를 보내서 하나님이 엘리야를 치유하기 시작한다. 어떻게 치유하느냐? 치유를 통한 엘리야의 회복은 그가 영적 침체에 빠진 원인에 따라 한 단계씩 시작된다. 세 가지 원인, 육체적 원인, 정신적 원인, 영적인 원인에 따라 치유하신다.

첫째, 신체적 회복

첫 번째, 육체적 원인이다. 너무 바빴다. 신체적 스트레스가 있었다. 신체를 회복시켜야 하는데 어떻게 해야 할까? 19장 5절 이하 8절에 보면 천사를 보내셨다. 천사가 어루만졌다. Touch하기 시작한다. 그리고 나서 제일 먼저 하신 일은 일어나서 먹으라고 말씀하셨다. 구운 떡과 한 병의 물이 있었다. 떡을 먹고 물을 마시게 하고 또 재우셨다. 이렇게 육체적 회복(physical restoration)을 도와 주셨다. 우리가 육체가 망가졌다면 육체가 회복되어야 한다. 내가 하나님이었으면 그렇게 안 했을지도 모른다. 엘리야 보고 "야, 네가 하나님의 종이냐? 어쩌자고 죽겠다 소리를 하니? 너 회개하고 기도원 가서 금식해라." 그랬을 것 같다. 나는 성경의 하나님이 너무 좋다. 상식의 하나님이시다. '네가 정말 피곤했구나. 육체가 망가졌구나. 푹 쉬어라. 자라. 먹어라. 마셔라.' 그렇게 육체적인 회복을 도와주신 것이다. 육체적으로 망가진 것은 육체적으로 치유가 되어야 한다. 거기서부터 시작해야 한다. 하나님의 치유를 따라가려면 우리가 할 일이 무엇일까? 먹자. 마시자. 자자. 육체적으로 회복시키는 것이다. 하나님이 엘리야로 하여금 자고 먹고 마시고 눕게 하셔서 그에게 충분한 휴식을 통한 회복을 하게 도와주신 것이다.

둘째, 정서적/심리적 회복

그 다음에 두 번째는 정서적 회복이다. 육체적 회복뿐 아니라 정서적 회복이 중요하다. 어떻게 정서적으로 회복시켜 주시는가? 열왕기상 19장 9절과 10절, 엘리야가 정서적으로 지쳐 있다는 증거가 나온다. "하나님 나 혼자 밖에 없어요. 이제 아무도 나를 원하는 사람이 없어요. 전 모든 것을 포기하고 싶어요." 그때 이런 엘리야를 하나님이 다시 일으켜 세우기 위해 하신 일은 "너 혼자가 아니야, 내가 있잖아."라고 말씀하신 것이다. 하나님 말씀이 오랜만에 들렸다. 하나님이 말씀하시고 엘리야는 대답하기 시작했다. 하나님과 엘리야 사이의 소통이 다시 회복되기 시작한다. 그러면서 자기 마음속에 있는 것을 다 털어 놓는다. 정직한 마음의 열림이요, 쏟아 놓음이다. "나 외로워요. 힘들어요. 나 앞으로 어떻게 살지 모르겠어요."라고 토로한다. 이것이 카타르시스를 통한 심리적 회복을 시켜주는 것이다.

셋째, 영적 회복
하나님의 임재 체험 훈련

그것만 가지고는 안 된다. 제일 중요한 회복은 영적인 회복이다. 신체적으로 지쳐 있고 심리적으로 지쳐 있고 영적으로 초점을 잃어버린 엘리야를 마지막에 영적으로 회복시켜 주신다. 열왕기상 19장 11절, 12절이다. 이번 단락의 제목을 〈하나님의 임재 체험의 훈련〉이라고 했다. 지금 엘리야는 하나님의 부재를 체험하고 있다. "하나님이 안 계신 것 같아. 내 기도 응답 안 하시는 것 같아. 하나님 아무것도 안 보여요. 나 혼자잖아요." 절규한다. 그런 엘리야가 영적으로 회복되기 위해서는 무엇보다 하나님의 임재의 경험이 회복되어야 한다. 그래서 하신 일이 "엘리야야, 너 호렙산으로 가라"라고 명령하신 것이다. "이 산 중턱에 좀 서 있어." "왜요?" "내가 네 앞에 지나갈게. 나를 똑바로 봐. 내가 없어졌는지 너를 버렸는지를 잘 보거라. 내가 네 앞에 지나갈게 나를 봐." "하나님이 제 앞을 지나가신다고요?" "그래!" 엘리야가 이제 호렙산 중턱에 하나님이 어떻게 지나가나 째리고 쳐다보았다. 근데 맨 처음에 바람이 지나갔다. '와, 바람 속에 하나님이 나타나실 모양이지?' 바람을 째려보았다. 바람이 한창 일어나더니 바람이 바람과 함께 사라진다(Gone with the wind). 그리고 아무것도 없었다. 바람이 지나간 후 지진이 나고 땅이 흔들렸다. '땅 속에서 올 모양이신가 보네' 생각하는데 땅이 한참 흔들리더니 스톱한다. 그냥 지진 5.0 정도 이외에 아무 것도 없었다. 그 다음에 바람이 지나가고 지진이 지나간 후에 불이 지나간다. '맞아, 내 신앙의 선배 모세가 바로 여기 호렙 산에 있었을 때 가시떨기 불꽃 가운데 나타나셨잖아. 불 가운데 나오시는가 보다.' 불꽃이 나왔다. 그런데 조금 후 불꽃이 사라진다. 그리고 아무것도 없었다. 바람이 지나가고 지진이 지나가고 불이 지나간 후 19장 12절, 세미한 소리가 있었다.

세미한 하나님의 음성 듣기

영어 성경에 보시면 이 세미한 음성은 작고 조용한 음성(small, still voice)이라고 되어 있다. 저는 유진 피터슨의 메시지 성경 번역을 너무너무 좋아한다. 그 대목을 유진 피터슨의 메시지 번역으로 읽어보면 "지진이 지나가고 불이 일었으니 하나님은 그 불 속에 계시지 않았다. 불이 지나간 뒤에 부드럽고 고요한 속삭임이 들려왔다." 영어 원역에는 이 세미한 소리를 부드럽고 고요한 속삭임(gentle whisper)이라 표현하고 있다. 저는 그 번역이 너무 좋다. 부드러운 속삭임(gentle whisper)이 들렸다. 바람 가운데도 지진 가운데도 불 가운데도 계시지 않던 하나님이 조용한 소리(gentle whisper)로 다가오면서 "엘리야야." "누구세요?" "It's me. 나, 야훼." 부드러운 목소리로 gentle whisper처럼 하나님이 다가오셨단 말이다. 왜 이렇게 다가오셨을까? 물론 과거에 하나님이 자신의 임재를 보여줄 때 바람 속에 보여주신 경우가 많다. 오순절 부흥의 장에도

———————————— 세상 죄를 지고 가는 어린양을 보라

바람처럼 임재하셨다. 지진 속에 등장하신 때가 많았다. 불 가운데 모세에게처럼 가시떨기 불꽃 가운데 나타나셨다. 근데 이번만은 엘리야에게 그렇게 나타나지 않고 부드러운 속삭임으로 다가오시는 하나님이다. 여기 중요한 가르침이 있다. 일상에서 하나님의 임재를 체험하기이다. 저는 하나님의 기적을 믿는다. 저는 하나님의 초자연적인 능력을 믿는다. 저는 하나님의 놀라운 표적(wonder)과 기사를 믿는다. 의심없이 믿는다. 그러나 이런 기적들이 항상 있는 것은 아니다. 우리가 살다 보면 기적이 안 일어나는 것 같을 때가 있다. 내가 아무리 기도해도 하나님이 듣는 것 같지도 않고 기적도 일어나지 않고 기도도 응답되지 않고 모든 것이 답답한 일상일 때가 있다. 그럴 때 어떻게 해야 될까? 바로 그런 케이스를 위해서 하나님이 엘리야에게 이런 케이스를 설정한 것이 아니었을까? 잘 들어보면 하나님이 안 계신 것 같아 죽을 만큼 힘든 그 때에도 나에게 조용히 다가오는 음성이 있다. 일상에서 세미한 음성으로 다가오시는 하나님의 치유의 음성을 들을 수 있어야 한다.

III. 일상에서 하나님의 임재 체험하기

하나님의 편재성(God is present everywhere. Omnipresence)
일상 가운데 부드러운 속삭임처럼 내게 다가오시는 하나님이 계시다. 우리는 하나님의 임재를 말할 때 보통 조직신학적으로 교리적으로(dogmatic) 고백하기를 "하나님은 편재하신다"라고 말한다. 하나님은 어디에나 계신다(God is present everywhere)라는 Omnipresence는 하나님의 편재성을 말한다. 시편 13편 1절을 읽어보면 성경의 기자들이 특별히 시편 기자가 하나님의 얼굴이란 것과 많이 씨름을 한다. "하나님 왜 숨어 계세요? 하나님의 얼굴이 안 보여요." 하나님 임재가 느껴지지 않는다는 말이다. "어느 때까지예요, 하나님?" 이렇게 묻는다. '하나님은 정말 나를 떠나가신 것인가? 하나님은 여기서 나를 그냥 잊어버리신 것인가?' 마음 안에서 고민한다. 그때마다 떠올리는 아주 흥미 있는 그림이 있다. 어린 아이들 교육시킬 때 한참 유행했던 〈월리를 찾아라〉이다. 아이들 교육시키면서 생각했을 것이다. '저 속에 월리가 있어. 틀림없이 있어. 근데 찾아야 돼. 그냥은 안 보여.' 삽화가인 영국인 마틴 핸드포드가 그림을 굉장히 많이 그려 놓고 모든 그림 속에 월리가 있다고 한다. '근데 우리 눈에는 안 보여. 없는 것 같아.' 근데 자세히 보면 월리가 거기 있다. 찾아야 보인다. 하나님이 안 보이는 것처럼 부재하는 것처럼 마치 하나님이 숨바꼭질 하는 것처럼 그 얼굴을 숨기셨을 때 하나님이 나를 버리셨다고 너무 쉽게 단정하지 말자. 거기도 하나님의 임재는 반드시 있다. 그 어떤 그리스도인들이 아마 기도가 오랫동안 응답이 안 되니까 실망해가지고 자기 집 위에다가 크게 간판을 붙였다. God is nowhere. 하나님은 아무데도 계시지 않다. 그리고 화가 나서 하나님한테 절규했다. "하나님은 계시지 않아요. 내가 이렇게 광고할 거예요. 'God is nowhere'라고 붙일 거에요." 근데 조금 시간이 지나자 nowhere 할 때 n, o, w 글자가 조금 흐려지기 시작했다. 그러자 nowhere 가 이렇게 변했다. God is now here. 가만히 보니까 God is now here 이렇게 쓰였다. "하나님은 여기 계시다." Nowhere 라고 생각했던 그 순간에도 임재하시는 하나님이시다.

하나님의 자기 계시

하나님이 스스로를 계시할 때 두 가지 방법이 있다. 신학에서는 특별 계시, 일반 계시라고 말한다. 특별 은총, 일반 은총 이런 단어를 쓰기도 한다. 초자연적인 계시라는 것은 바람, 지진, 불 속에 하나님이 자신을 드러내실 수 있다. 그러나 자연적 계시 가운데도 하나님은 자신을 우리에게 보여주신다는 것이다. 일반적이고 평범한 삶 속에서도 내게 걸어오시고 다가오시는 하나님이시다.

제가 정말 좋아하는 책 중에 하나, 제게 깊은 영향을 끼친 책 중 하나인데 호주의 신학자인 마이클 프로스트가 쓴《일상, 하나님의 신비》의 한 대목이다. "나는 초자연적인 권능을 믿는다. 그러나 우리가 그런 차원만 추구하다 보면 잃는 것이 너무 많지 않을까 싶다. 우리의 눈은 더 이상 놀란 듯 활짝 열려 있지 않다. 고흐의 해바라기 속에서 하나님을 발견할 수는 없는가? 부서지는 파도 속에서 하나님이 보이지 않는가? 갓 태어난 아기의 해맑은 눈동자 속에서 하나님이 보이지 않는가? 장미 한 송이 혹은 영화나 책에 등장하는 인물 안에서, 아름다운 노래, 계절의 변화 가운데서, 친구가 사랑한다고 말할 때 그분의 목소리가 들리지 않는가? 또한 맛있는 음식과 감미로운 대화에서 그분을 맛보지 않는가? 하나님의 나라는 이 세상 도처에서 확장되고 있다. 우리의 눈을 열어 굉장한 사건을 주목하는 것만큼 이른바 일상적인 삶 속에서 하나님의 은혜를 맛보기로 하자. 이제 당신은 평범함 속에서 비범함을 발견하는 기쁨을 누릴 수 있어야 한다."

너무 초자연적인 기적 중심의 신앙만을 추구하는 사람은 그 기적이 계속되지 않으면 내가 버림받은 것처럼 느낀다. 너무 자극적인 신앙을 추구하는 사람은 더 큰 자극을 필요로 하게 된다. 안수받다가 안수로 만족하지 못하면 안찰을 받아야 된다. 안찰 가지고 만족하지 못하면 더 큰 자극을 필요로 하여 발로 밟혀야 되고 그걸로 만족하지 못하면 긁는 데를 찾아가기도 하고 두드려 패는 데를 찾아가기도 한다. 계속해서 더 큰 자극만을 요구한다.

때로는 내가 힘들고 내가 아프고 그래서 모든 것을 포기하고 싶었을 때, 내가 갑자기 그냥 성경 한 페이지를 열었을 때 내게 익숙한 한 구절을 통해서 다가오시는 하나님을 만나게 된다. "두려워하지 말라. 놀라지 말라. 나는 네 하나님이니라. 나의 의로운 오른손으로 너를 붙들리라."(사 41:10) "하나님 여기도 계시네요." 제가 신앙생활 초기에 한 오 년은 폭풍 같은 신앙생활을 했다. 첫사랑의 뜨거움을 가지고 학생운동을 하면서 학생들을 가르치면서 학생들 데리고 학교마다 뛰어다니면서 전도를 하면서 학생들 데리고 철야기도도 하고 산 꼭대기 올라가서 새벽 기도도 하고 폭풍 같은 오 년을 보냈다. 근데 오 년 후 어떤 날 갑자기 시험에 들었다. 가만히 보니까 내 주변에 있는 크리스천들이 다 위선자 같고 내 지도자도 그렇고 다 위선자 같이 느껴졌다. '어쩌면 내가 지나간 오 년 동안 열심히 했다고 하지만 속았는지도 모른다. 기도의 응답도 우연의 일치를 가지고 내가 기도의 응답이라고 착각했는지도 모른다. 하나님 안 계신지도 모른다.' 그래서 교회를 안 나가기 시작했다. 그래서 거의 한 녁 달 동안 안 나가기 시작했다. 어느 날 새벽에 제 조그만 자취방에서 눈을 딱 떴는데 그래도 처음 예수를 믿을 때부터 나에게 익숙해진 습관이 있었다. 성경 구절을 하나 읽고 묵상하는 것이다. 저를 지도해준 선교사님이 성경 읽기표를 주면서 매일 그 성경 구절을 읽고 잠깐이라도 기도하라고, 그리고 출발하라고 가르쳐 주었다. 나는 그것이 무엇인지도 몰랐다. 근데 계속하다 보니까 습관이 되었다. 그 당시에는 큐티란 말이 없었다. 그 당시에는 경건의 시간(devotional hour)이라 했다. 그래서 내가 교회는 안 나가고 시험은 들었지만 아침에 성경을 딱 열어봤더니 히브리서 11장이 딱 나왔다. 히브리서 믿음의 부분이었다. "믿음으로 모세는 보이지 않는 하나님을 보이는 것 같이 하여 참았으며"(히 11:27) 그 대목이 딱 나왔다. '이것이 도대체 무슨 얘기지?' 모세 얘기지. 근데 모세는 보이지 않는 하나님을 보이는 것 같이 하여 모세가 바로에게 쫓기고 앞에 홍해 바다를 두고 절체절명의 순간에 보이지 않는 하나님을 보는 것 같이 하였다는 말씀을 보고 있는데 갑자기 성경에 그 활자가 커지는 것 같았다. 보이지 않는 하나님을 보는 것 같았다. 모세는 하나님을 보고 있었구나. 그 순간 자기를 추격하는 바로의 군대가 두렵지 않았다. 앞에 넘실대는 홍해 바다가 두렵지 않았다. 그는 감히 그 바다를 직면하고 다시 지팡이를 들고 그 백성을 이끌어 바다를 건너갔다.

'보이지 않는 하나님을 보는 것 같이'라는 그 구절을 읽고 다시 생각하다가 갑자기 제 마음속에 떠오른 질문 같은 기도는 "하나님, 여기도 계세요?"였다. 근데 굉장한 기적은 아닌데 제 방이 갑자기 환해지는 것 같았다. 물론 그때 제 방이 새벽이 오니까 환해진 걸지도 모른다. 주변이 환해지는 것이었다. 또렷하게 환해졌다. 그러면서 누군가가 제 어깨를 두 손으로 누르고 있는 듯한 느낌이었다. "그럼, 나 여기 있잖아." "하나님, 정말 여기 계세요?" 그 순간 제어할 수 없는 눈물이 왈칵 쏟아지기 시작하였다. 내 마음이 따뜻해지기 시작하였다. 하나님의 임재가 회복되기 시작한 것이다. 제 마음이 뜨거워지기 시작한 것이다. "죄송해요. 저는 하나님을 버렸지만 하나님은 저를 버리지 않으셨네요. 저는 하나님을 떠났지만 하나님은 저를 떠나지 않으셨네요." 시계를 보니까 아직 6시가 안 되었다. 새벽 기도가 거의 끝나갈 시간이다. 거의 넉 달 동안 포기하고 있었던 교회당을 향해서 막 달려갔다. 아니나 다를까, 이제 새벽 기도가 거의 끝나갈 무렵이었다. 저는 저 뒤에 앉아서 펑펑 통곡하면서 하나님을 찬양했다. 나 혼자 하나님을 찬양하고 '하나님 감사합니다.'라고 기도했다. 그리고 그 이후로 저는 하나님을 떠나갈 이유를 발견하지 못했다. 그분의 임재는 언제나 나와 함께 있고 나를 인도했다.

여러해 전 신촌에 있는 성결교회에 부흥회를 하러 갔는데 거기서 한국 교회가 자랑하는 유명한 이성봉 목사님의 가족을 만나게 되었다. 이성봉 목사님이 사실은 천로역정을 가지고 우리나라 전국을 돌아다니면서 천로역정 부흥회를 하신 목사님이시다. 이성봉 목사님의 따님 권사님 가족들에게서 이성봉 목사님에 대해 재미난 얘기를 들었다. 따님 말씀이 "우리 아버지는 힘든 일이 생기면 항상 손을 갑자기 꽉 쥐어요." 왜냐고 물었더니 "나 예수님 손 잡았지." 그리고 잠시 후에 손을 펴셨다고 한다. 그런 후에는 "이제 됐어."라고 말씀하셨다고 한다. 그렇게 잠깐 주님의 임재를 느끼고 기도하고 다시 얼굴이 확 편안한 아버지를 항상 기억한다고 한다. 하나님의 임재의 회복이다. 하나님의 임재의 회복을 그렇게 가까이 느끼면서 일상을 살아갈 수가 있다면 좋겠다. 다시 말씀을 붙들고 다시 기도의 무릎을 꿇고 하나님의 임재를 경험하며 살아갈 수 있다면 좋겠다. 비록 하늘이 열리는 기적, 불이 떨어지는 기적이 일어나지 않아도 여기에 여전히 나와 함께 하시는 하나님, 그리고 우리의 기도를 듣고 계시는 하나님, 그리고 나보다 나를 더 잘 아시는 하나님이 그분의 방법으로 우리의 기도를 응답하기 위해서 기다리고 계신다는 것을 신뢰하며, 내가 그 하나님을 참으로 기다리는 것을 배울 수가 있다면 좋겠다.

외국 사람들이 영성훈련 할 때 많이 쓰는 말이 있다. 'Waiting on God'이다. 하나님을 기다릴 줄 아는 것이다. 때로 당장의 하늘이 열리고 불이 쏟아지지 않아도 그 하나님을 기다리면서 찬양하고, 기다리면서 감사하고 그리고 내 안에서 회복되는 놀라우신 하나님의 은혜를 느껴 보는 것이다. 그렇다면 우리는 사막의 메마름을 두려워할 필요가 없을 것이다. 우리는 메마른 사막에 시냇물이 흘러

가는 것을 보게 될 것이다. 밤하늘에 그분의 임재를 나타내는 놀라운 별들이 뜨는 것을 보게 될 것이다.

반 고흐가 해바라기를 많이 그렸다. 반 고흐의 해바라기는 실은 주바라기이다. 그는 본래 신학생이었다. 그는 본래 사역자였다. 그가 비록 히브리어, 헬라어를 못해서 사역자 되는 것을 포기했지만 그는 주님을 떠난 일이 없다. 그의 마음속에 언제나 주님의 임재가 있었다. 반 고흐에 대한 사실과 멀어진 많은 소문들이 있지만 나는 고흐가 자살했다고 생각하지 않는다. 총신의 라영환 교수는 반 고흐에게 미친 사람이다. 평생 반 고흐의 길을 따라 가면서 수집하고 최근에 고흐에 대한 책을 쓰기도 했다. 제가 추천의 글을 쓰기도 했지만 반 고흐는 자살한 것도 아니다. 사실은 총탄이 잘못 빗나갔을 뿐이지 미친 사람도 아니다. 그는 너무나 이웃들을 사랑했고 끝까지 주님과의 사랑 속에서 살았던 사람이다. 그가 제일 많이 그린 그림이 두 가지이다. 하나는 해바라기, 또 하나는 구두를 많이 그렸다. 그 낡은 구두는 그가 처음에 탄광에 광부들에게 전도하기 위해서 신었던 신발이다. 소명의 신발이다. 그가 영혼들을 향해서 갔던 그 신발을 잊지 않고 그 신발이 닳도록 걸어 다녔던 자신의 과거를 잊지 않기 위해서 그 신발을 그린다. 해바라기를 그린다. 주님을 바라보는 그의 모습을 그리는 것이다. 그리고 또 하나 별을 많이 그렸다. 하늘의 별을 많이 그렸다.

고흐가 그렸던 그림 가운데 카페에서 한 사람이 서서 거기 앉아

있는 사람들에게 차를 대접하는 그림이 있다. 그 그림에서 차를 섬기고 있는 분은 예수님이다. 거기 사람들의 수를 세어보면 정확하게 12명이다. 12제자를 섬기시는 주님의 모습이다. 반 고흐는 주님을 잊지 않았다. 하늘에 뜬 별을 보면서 그는 기도했고 자기 동생 테오에게 쓴 수많은 편지 속에서 그는 끝까지 신앙의 아름다운 고백을 남겼다. 비록 그가 직접적인 전도로 주님을 섬긴 것은 아니지만 그는 그림을 통해서 끊임없이 그리스도의 복음을 말했고 이웃들을 향한 사랑을 증거했다. 그 별 속에 살아 계신 주님, 그의 해바라기 속에서 살아 계시던 주님, 그가 신고 다니는 신발 속에 함께 하시는 주님의 임재를 표현하였다. 그 고흐의 주님이 저와 여러분의 주님이라면 우리의 일상 가운데도 우리에게 다가오시고 우리의 마음을 터치하시고 우리의 영혼을 새롭게 하시면서 이렇게 말씀하시는 주님의 음성을 들을 수 있을 것이다. "너는 혼자가 아니야. You are not alone. 내가 같이 있잖아. I am with you. 네가 내 손을 뿌리치고 싶었을 때도 나는 네 손을 놓지 않았다. 네가 아주 완전히 포기하지 않는 것은 내가 네 손을 붙들고 있기 때문이야. 네가 내 손을 붙들고 있어서가 아니라 내가 네 손을 놓지 않았기 때문이야." 그가 우리의 손을 터치할 때 거부하지 마시기를 바란다. 그냥 일어나야 한다. 그리고 다시 따라 가야 한다.

찬송가 가운데 "나의 영원하신 기업 생명보다 귀하다 나의 갈길 다가도록 나와 동행하소서. 주께로 가까이 주께로 가오니 나의 갈

길 다가도록 나와 동행하소서.”라는 찬양을 기억하십시다. 오른손 한번 쥐어보십시다. 오른손을 꽉 잡아보세요. 그분의 임재가 느껴지도록 그분의 터치가 느껴지도록 한번 이 찬양을 주 앞에 드려봅시다.

천로역정, 미궁

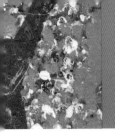

I | 엘리야의 영적 침체의 원인 진단

1. 쉼이 없는 지나친 분주함의 신체적 스트레스

◆ 왕상 17-19장까지 3년 간의 그의 족적을 살펴보십시오.

_____

_____

2. 정서적 혹은 심리적 고갈

열왕기상 19:10

그가 대답하되 내가 만군의 하나님 여호와께 열심이 유별하오니 이는 이스라엘 자손이 주의 언약을 버리고 주의 제단을 헐며 칼로 주의 선지자들을 죽였으며 오직 나만 남았거늘 그들이 내 생명을 찾아 빼앗으려 하나이다

3. 영적 초점의 상실

열왕기상 19:3

그가 이 형편을 보고 일어나 자기의 생명을 위해 도망하여 유다에 속한 브엘세바에 이르러 자기의 사환을 그곳에 머물게 하고

1) 지금까지 '말씀을 따라' 살던 영적 리듬을 상실함

열왕기왕 17:2, 5

2 여호와의 말씀이 엘리야에게 임하여 가라사대

5 저가 여호와의 말씀과 같이 하여 곧 가서 요단 앞 그릿 시냇가에 머물매

열왕기상 17:8-9

8 여호와의 말씀이 엘리야에게 임하여 가라사대

9 너는 일어나 시돈에 속한 사르밧으로 가서 거기 유하라 내가 그곳과 부에게 명하여 너를 공궤하게 하였느니라

열왕기상 18:1-2

1 많은 날을 지내고 제 삼년에 여호와의 말씀이 엘리야에게 임하여 가라사대 너는 가서 아합에게 보이라 내가 비를 지면에 내리리라

2 엘리야가 아합에게 보이려고 가니 그 때에 사마리아에 기근이 심하였더라

2) 그가 _____을 보고 _____을 보지 못함

◆ 최근에 나의 영적 침체가 있었다면 그 원인이 무엇인가를 나누어 보십시오.

_____   _____

_____

Ⅱ| 엘리야에게 베푸신 하나님의 치유

열왕기상 19:5
로뎀나무 아래에 누워 자더니 천사가 그를 어루만지며 그에게 이르되
일어나서 먹으라 하는지라

1. 신체적 회복

• 왕상 19:5-8까지 하나님의 천사를 통한 공급

> 5 로뎀나무 아래에 누워 자더니 천사가 어루만지며 그에게 이르되 일어
> 나서 먹으라 하는지라
> 6 본즉 머리맡에 숯불에 구운 떡과 한 병 물이 있더라 이에 먹고 마시고
> 다시 누웠더니
> 7 여호와의 사자가 또 다시 와서 어루만지며 이르되 일어나서 먹으라
> 네가 길을 이기지 못할까 하노라 하는지라
> 8 이에 일어나 먹고 마시고 그 식물의 힘을 의지하여 사십주 사십야를
> 행하여 하나님의 산호렙에 이르니라

• 자고 _____마시고 다시 눕게하심

2. 정서적 /심리적 회복

왕상 19:9-10
9 엘리야가 그곳 굴에 들어가 거기서 유하더니 여호와의 말씀이 그에게
임하여 이르시되 엘리야야 네가 어찌하여 여기 있느냐 10 그가 대답하
되 내가 만군의 하나님 여호와를 위하여 열심이 유별하오니 이는 이스
라엘 자손이 주의 언약을 버리고 주의 제단을 헐며 칼로 주의 선지자들

을 죽였음이오며 오직 나만 남았거늘 그들이 내 생명을 찾아 빼앗으려 하나이다

- 하나님과의 소통의 회복
- 정직한 마음의 열림과 쏟아놓음

3. 영적 회복

- 왕상 19:11-12에서 하나님의 임재 체험 훈련

열왕기상 19:11-12
11 여호와께서 이르시되 너는 나가서 여호와 앞에서 산에 서라 하시더니 여호와께서 지나가시는데 여호와 앞에 크고 강한 바람이 산을 가르고 바위를 부수나 바람 가운데에 여호와께서 계시지 아니하며 바람 후에 지진이 있으나 지진 가운데에도 여호와께서 계시지 아니하며 12 또 지진 후에 불이 있으나 불 가운데에도 여호와께서 계시지 아니하더니 불 후에 세미한 소리가 있는지라

- 세미한 하나님의 음성 듣기

열왕기상 19:12
또 지진 후에 불이 있으나 불 가운데도 여호와께서 계시지 아니하더니 불 후에 세미한 소리가 있는지라

유진 피터슨 번역, 메시지 성경

"지진이 지나가고 불이 일었으나 하나님은 그 불 속에 계시지 않았다. 불이 지나간 뒤에 부드럽고 고요한 속삭임이 들려왔다."

◆ 나의 치유와 회복을 위해 내게 가장 필요한 처방은 무엇인가를 나누어 보십시오.

_____

_____

Ⅲ | 일상에서 하나님의 임재 체험하기

1. 하나님의 편재성

시편 13:1
여호와여 어느 때까지니이까 나를 영원히 잊으시나이까 주의 얼굴을 나에게서 어느 때까지 숨기시겠나이까

• 마틴 핸드포드(Martin Handford)의 게임 삽화 "월리를 찾아라"
• 월리는 모든 페이지에 있지만 그래서 더욱 찾기가 어렵다.
• "God is nowhere / God is now here."

2. 하나님의 자기 계시

1) 초자연적 계시 / 특별 계시
- 엘리야의 바람, 지진, 불 체험

2) 자연적 계식/ 일반 계시
- 엘리야의 세미한 음성(small still voice, gentle voice) 체험

■ **묵상할 말**
• 마이클 프로스트의《일상: 하나님의 신비》서문에서

나는 초자연적 차원과 그 권능을 믿는 자. 그러나 우리가 그런 차원만 추구하다 보면 잃는 것이 너무 많지 않을까 싶다. 우리의 눈은 더 이상 놀란 듯 활짝 열려 있지 않다. 고흐의 해바라기에서 하나님을 발견할 수는 없는가? 부서지는 파도 속에서 하나님이 보이지 않는가? 갓 태어난 아기의 해맑은 눈동자 속에서 하나님이 보이지 않는가? 장미 한 송이 혹은 영화나 책에 등장하는 인물, 아름다운 노래, 계절의 변화 가운데서는? 친구가 사랑한다고 말할 때 그분의 목소리가 들리지 않는가? 또한 맛있는 음식과 감미로운 대화에서 그분을 맛보지 않는가? 하나님의 나라는 이 세상 도처에서 확장되고 있다. 우리의 눈을 열어 굉장한 사건을 주목하는 만큼 이른바 일상적인 삶속에서 하나님의 은혜를 맛보기로 하자. 이제 당신은 평범

함 속에서 비범함을 발견하는 기쁨을 누릴 수 있어야 한다.

■ 마무리 묵상훈련

• 잠시 일상의 한 모서리에 임재하시는 그분을 바라보며 들려오
  는 그분의 부드러운 음성 듣기를 사모하라.

■ 반드시 읽을 책

1. 마틴 로이드 존스, 『영적 침체』 복있는 사람.

2. 마이클 프로스트, 『일상, 하나님의 신비』 IVP.

필그림 하우스 미궁가는 길

7장

창조적
성생활

인간 존재에는 세 가지 차원이 있습니다.
육체적인 차원과 인격적인 차원 그리고 영적 차원입니다.
따라서 우리의 성생활이
창조주 하나님께서 의도하신 창조적 만족을 누리려면
이 세 가지 차원에서의 필요가 공급되어야 합니다.
이것을 우리는 창조적 성생활이라고 말할 수 있습니다.
부부의 대화 생활의 가장 내밀한 표현은
신체 언어인 성을 통해서 나타나는 것입니다.
성경은 일반적 상식의 통념을 뛰어 넘어 성생활에 대한
구체적이고 통전적인 관점과 정보를 제공하고 있습니다.

긍휼

Holy Pilgrimage for a Couple

그대 있음에

_____ 김남조

그대의 근심 있는 곳에
나를 불러 손잡게 하라
큰 기쁨과 조용한 갈망이
그대 있음에
내 마음에 자라거늘
오, 그리움이여
그대 있음에 내가 있네
나를 불러 손잡게 해

그대의 사랑 문을 열 때
내가 있어 그 빛에 살게 해
사는 것의 외롭고 고단함
그대 있음에
삶의 뜻을 배우니
오, 그리움이여
그대 있음에 내가 있네
나를 불러 그 빛에 살게 해

천국은 우리집 같아요

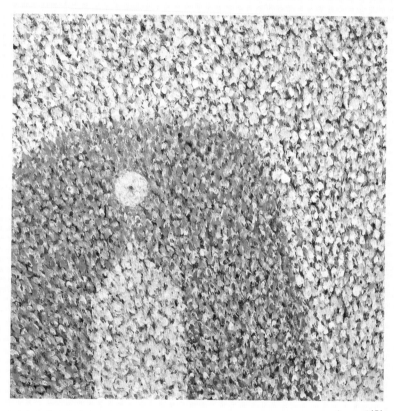

_____ 연합

제7장은 창조적 성생활에 관한 이야기이다. 그 화두에 있는 말을 우리 같이 한번 읽어보도록 하겠다.

"인간 존재는 세 가지 차원이 있다. 육체적인 차원과 인격적인 차원 그리고 영적 차원이다. 따라서 우리의 성생활이 창조주 하나님께서 의도하신 창조적 의도를 누리려면 이 세 가지 차원에서의 필요가 공급되어야 한다. 이것을 우리는 창조적 성생활이라고 말할 수 있다. 부부의 대화의 생활에 가장 내밀한 표현은 신체 언어인 성을 통해서 나타난다. 성경은 일반적 상식의 일반적 통념을 뛰어넘어 성생활에 대한 구체적이고 통전적인 관점과 정보를 제공하고 있다."

Ⅰ. 성의 세 가지 목적

첫째, 창조적 목적

성의 세 가지 목적이 있다. 성경의 가르침에 의하면 하나님이 우리를 성을 가진 존재(Sexual person)로 지어 주신 세 가지 목적이 있다. 첫째는 우리가 잘 아는 대로 창세기 1장 27절과 28절에 기록된 말씀이다. 생육하고 번성하기 위한 창조적 목적이다. 영어로 창조를 creation이라고 한다. 근데 그 앞에다가 pro 단어를 붙이면 procreation 즉 생육한다는 의미이다. 세대를 계승시킨다는 뜻이다. 성 어거스틴 같은 분은 생육과 번성이 부부 성생활의 유일한 목적이라고 말했다.

그리고 생육과 번성 이외의 목적으로 성을 사용하는 것은 심지어 바람직하지 않다는 말을 했다. 어거스틴은 우리가 존경하는 신앙의 선배이고 많은 공헌을 했지만 그렇다고 어거스틴이 한 말이 모두가 다 진리는 아니다. 어거스틴만 해도 생육과 번성이라는 목적 이외에 성의 다른 목적을 생각하지 못한 것이다. 현대에 와서 우리 기독교 윤리학자들은 생육과 번성만으로 성을 이해하는 것은 아주 좁은 이해라고 생각한다. 그 나머지 두 가지 목적을 우리가 더 고려할 때 성에 대한 온전한 이해가 비로소 가능할 수 있다.

둘째, 육체적 목적

창세기 2장 23절 "이는 내 뼈 중의 뼈요…" 여기서 아담이 자기의 파트너인 하와를 보면서 그 연합의 기쁨을 노래한 찬미라고 할 수 있다. 내 뼈 중의 뼈요. 내 살 중의 살이라. 우리가 잠언 5장 15절 이하 19절을 보면 이 창세기 2장 13절에 근거한 내용이 무엇인가 이해할 수 있다. 잠언 5장 15절 이하 19절 말씀에서 제일 중요한 단어가 '즐거워하라'라는 단어이다. 우리 성생활에 있어서 하나님이 허용하신 또 하나의 목적은 기쁨(Joyful life)이다. 기뻐하라. 즐거워하라. 하나님께서는 우리의 기쁨과 즐거움을 위해 성을 허락하신 것이다. 생육과 번성, 즉 우리가 자손을 두는 목적도 있지만 부부 사이에서만 누릴 수 있는 기쁨, 즐거움, 그것이 바로 성생활이 가지는 또 다른 두번째 목적이다.

셋째, 대화적 목적

세 번째, 성의 또 하나의 목적은 부부 사이의 영적이고 인격적인 연합을 상징하는 대화적 목적이다. 부부간에는 사실 연합도 중요하지만 또한 중요한 것은 대화이다. 성은 부부 사이의 하나의 대화(Communication)이다. 그러니까 성생활이 없다는 것은 대화가 단절되어 있다는 말이다. 최근에 한국 부부들에 관한 신문에 나오는 통계를 보면 성이 없는 삶(sexless couple)을 사는 부부가 거의 35%, 40% 가까이 많다는 통계가 나오고 있다. 불행한 일이다. 이것은 하나님의 의도나 기대가 전혀 아니라는 것이다. 대화

(Communication)의 목적은 부부가 한 몸이 되기 위한 것에 있다. 부모를 떠나 아내에게 합하여 둘이 한 몸이 될 지니라(창 2:24). 둘이 한 몸이 되어 간다는 것은 한 번에 끝나는 일이 아니라 계속해서 한 몸이 되어간다는 Becoming process의 의미가 들어 있다. 성적 교제를 통해서 부부는 좀 더 온전한 하나가 되어가는 과정을 살아 간다. 성을 통하여 계속해서 하나가 되어가는 것이다.

이런 성경의 가르침에 비추었을 때, 우리 부부 사이에는 뭐가 제일 결여되어 있나? 성의 세가지 목적 중에 우리 부부 사이에는 무엇이 제일 결핍되어 있을까?

Ⅱ. 성에 대한 기독교인들의 세 가지 관점

성은 하나님이 주신 사랑의 도구이다. 성에 대한 세 가지의 관점이 있을 수가 있다.

첫째, 율법주의적 관점

첫째로, 율법주의적 관점이다. 율법주의적 관점에서 본 성에 대한 이해는 성에는 죄악의 요소가 있으므로 할 수 있는 한 그 사용이 억제되어야 한다고 하였다. 어거스틴도 그런 생각을 했다. 과거의 청교도들의 성 윤리가 그랬다. 청교도들이 본받을 점이 많은 훌륭한 분들이지만 그렇다고 해서 모든 것을 다 잘한 것은 아니다.

성에 관해서는 너무나 좁은 이해를 갖고 있었다. 빅토리아 시대의 성 윤리가 다 그랬다.

둘째, 무율법주의적 관점

둘째로 무율법주의의 관점이다. 율법주의의 반대인 무율법주의의 관점은 성은 선한 것이기 때문에 제한없이 허용해야 한다는 것인데 오늘 우리 시대의 자유주의적 관점이 그런 것이다. 이것이 위험한 이유는 수많은 방종과 타락을 낳을 수 있고 하나님의 의도와는 전혀 다른 가정의 파괴라는 것을 가져올 수 있기 때문이다.

셋째, 복음주의적 관점

율법주의도 무율법주의도 아니고 복음주의적 관점의 성은 하나님의 축복이기 때문에 하나님의 말씀의 인도를 따라 선용되어야 한다는 것이다. 중요한 단어가 '선용' 즉, 선하게 사용되어야 한다는 것이다. 지금은 많이 변했지만 우리 주변에 있는 그리스도인들의 성에 대한 관점은 이 셋 중에 하나일 것 같다. 아마 2번을 지지하는 그리스도인들은 없을 것이고 1번이나 3번 둘 중 한 쪽으로 가 있을 것이다.

III. 창조적 성생활의 삼차원적 전제

첫째, 영적 전제

하나님이 기대하시는 온전한 창조적 성생활이 가능하기 위해서는 세 가지 차원이 잘 고려되어야 한다. 첫째, 영적인 차원으로서 부부가 영으로 하나 되어야 한다. 정말 신앙으로 하나된 사람은 성생활의 만족도가 높다. 그것은 통계적으로도 사실이다. 미국의 통계를 보면 성생활의 만족도가 가장 높은 그룹이 복음주의적 교회에 출석하는 교인들이다. 그것은 영이 하나이기 때문에 신앙이 하나이기 때문에 성생활을 향유하는 만족도가 제일 높은 것으로 이해할 수 있다. 크리스천 부부 사이에도 죄가 들어오면 갈등이 생긴다. 그러면 성생활에도 문제가 생길 수 있단 말이다. 그래서 영적으로 하나가 되어야 한다.

둘째, 인격적 전제

그 다음에는 인격적인 하나됨이다. 인격적인 하나됨은 배우자를 인격으로 대해야 한다는 뜻이다. 우리는 인격적인 존재인 동시에 성적 존재(Sexual person)이다. 그래서 배우자를 단순한 성적 욕구의 대상만이 아니라 인격으로 대해야 한다. 인격이라는 초점을 잃어버리면 거기서 무례함이 따라오게 되고 성생활에 대한 아름다움을 오히려 잃어버릴 수가 있는 것이다. 그러므로 인격적 교제의 극점이 성교로 표현돼야 한다. 평소에 인격적으로 교제하는 것이 자연스럽게 성생활로 표현되어야 한다. 그러니까 성생활할 때만 인격적이고 나머지 우리 일상생활에서는 비인격적이라면 그건 곤란하다. 평소 생활의 표현이 우리의 침상 생활에서도 드러나야 한다. 그래야 인격적인 하나됨이 될 수 있다.

셋째, 신체적 전제

신체적인 하나됨이다. 육체적으로 우리가 하나됨을 온전히 이루기 위해서는 건강해야 한다. 건강하지 않으면 성생활이 불가능하다. 또 하나는 스트레스가 잘 관리되어야 한다. 성생활에 어려움이 있고 불만이 있는 사람들을 보면 대부분 스트레스를 겪고 있다. 사람이 살면서 스트레스가 전혀 없을 순 없다. 또 스트레스가 다 나쁜 것도 아니다. 우리가 흔히 스트레스를 이해할 때 두가지가 있다. 앞에 e자 u자를 붙이면 eustress이다. 이것은 좋은 스트레스이다. Eu라는 것은 good이라는 의미이다. 유앙겔리온이라 함은 good news라는 의미이다. 그러니까 어느 정도의 스트레스가 있어야 도전도 하고 열심히 일하게 된다. 스트레스가 아예 없는 것이 좋은 것이 아니다. 약간의 스트레스는 있어야 한다. 근데 이것이 지나치게 되면 문제다. 이러한 스트레스가 우리들의 성생활에 직접적인 영향을 끼치기 때문에 간단한 테스트를 해 보면 좋다. 스트레스 검증 테스트이다. 너무 지나치게 묵상하지 말고 그냥 나는 이런 거 같다. 아주 없다, 거의 없다, 가끔 있다, 자주 있다, 항상 있다. 다섯 개 중에 하나를 고르면 된다. 아주 없으면 0점. 거의 없으면 1점 가끔 있으면 2점 자주 있으면 3점 항상 있으면 4점이다. 그렇게 해서 30문제를 테스트하고 합계를 내면 된다. (275p)

점수가 40이상이라면 주의가 필요하고 상담이 필요하고 치료가 필요한 대상이다. 31점부터 40점 사이는 사실은 정상이지만 약간의 카운슬링이 필요하고 자기 삶에 대한 조정이 필요한 분들이다. 21점부터 30점 사이면 아주 건강하신 분들이다. 20점이라면 아주 예외적으로 건강하던가 아니면 정직하지 못하게 했던가 둘 중에 하나이디.

Ⅳ. 창조적이고 적극적인 성생활을 위한 십계명

창조적이고 적극적인 성생활을 위한 십계명, 열 가지 지침

1. 성에 대한 비성서적 의식을 극복하라.

첫째, 성에 대한 비성서적 금기의식을 극복하라. 크리스찬들은 성 얘기를 하기만 해도 안 되는 것처럼 생각하기도 한다. 근데 성경에 보면 오히려 성에 대한 얘기가 굉장히 많이 있다. 구약에도 그렇고 신약에도 많다. 그러니까 금기의식을 극복해야 한다. 사실 이혼하신 분들의 가장 커다란 원인은 성격이 맞지 않아서가 제일 많다. 가정 법원에 구체적으로 알리는 이혼의 첫 번째 원인은 성격 차이이다. 그러나 그것은 정직하지 못한 대답이고 할 말없으니까 핑계 대는 것이다. 성격 차이가 아니라 사실은 성 격차다. 성에 대한 부부의 부조화, 성에 대한 갈등이 사실은 우리가 성격으로 포장된 밑바탕에 숨어있는 더 중요한 원인이라는 사실이다.

2. 부부는 서로를 향한 성교의 열망을 자연스럽게 표현하라.

두 번째로 부부는 서로를 향한 성교의 열망을 자연스럽게 표현할 수 있어야 한다. 인간이 성적인 존재이기에 그걸 표현할 수 있어야 한다. 성욕과 가장 비슷한 것이 식욕이다. 누구나 식욕을 표현한다. 배고프다고 말하면서 식욕을 표현한다. 그럼 똑같이 표현할 수 있어야 된다. "여보, 나 배고파."라고 말하는 것처럼 "당신하고 하고 싶어."라고 자연스럽게 표현할 수 있어야 한다. 잘못된 것이 아니다. 우리 한국 사회는 유교 윤리에 의해 지배되어온 사회이기 때문에 성이 많이 억제되어 왔다. 그런 가운데서도 인간에게는 성이 본능이기 때문에 끊임없이 성을 표현하려는 우리 조상들의 기지를 볼 수 있다.

단원 김홍도는 춘화라고 하는 성에 대한 그림들을 많이 그렸다. 인간의 밑바탕에 있는 욕구를 표현한 것이다. 우리 옛날 선비들이 표현한 아주 근사한 표현 중에 하나는 성적인 교제를 나눌 때 운우지정이다. 비와 구름이 만나는 것이라는 아주 고상한 표현을 썼던 것이다.

부부 사이의 은어를 만들어도 좋다. 섹스하고 싶다라는 말이 덜 고상해 보이는 분들은 부부 사이에만 가능한 어떤 은어를 만들어요. 오늘 따라 별 보고 싶다 등 부부 사이의 은어를 만들란 말이다. 그렇게 부부 사이의 은어를 만들어서 표현을 가능하게 해야 한다. 그리고 그것을 부부가 받아줄 수 있어야 한다.

늘 잊어버리지 않는 사건이 있다. 우리 교회에 초창기에 교회에서 선교대회를 열었는데 대표기도를 하는 분이 발음이 시원치 않아서 오늘 이 성교대회를 축복해주시고 많은 성교가 일어나게 하시고 성교의 열매가 있게 해달라고 기도하셨다. 실제로 목회하는 목사들보다는 선교사님들이 애들을 더 많이 낳는다. 자연스러운 것이다. 선교지에 가서 선교가 잘 안 되면 그것이라도 해야지 되겠다. 자식 낳는 것도 선교이고 다음 세대를 준비하는 것이다.

3. 부부는 배우자 중심의 이타적 성생활을 영위하라.

부부는 배우자 중심의 이타적 성생활을 영위해야 한다. 내 중심이 아니라 배우자 중심이다. 내 이기심을 채우기 위해서 성생활을 하는 것이 아니라 배우자 중심의 이타적 성생활을 하라. 고린도전서 7장 1절 이하 5절을 보시면 바울 사도가 남편과 아내, 부부는 서로를 향한 의무를 다하라고 말씀하신다. 성적 의무를 이야기하는 것이다. 이미 강조한대로 남편은 아내의 성적 필요를 채울 수 있는 존재이고 아내는 남편의 성적 필요를 채울 수 있는 유일한 존재이다. 그렇다면 어떤 때는 내가 준비 안 될 수도 있어도 상대방을 위해서 성생활을 희생적으로 할 수도 있단 말이다. 아가페적으로, 오늘은 내가 당신을 위해 서비스한다. 나는 안 원하지만 이를 악 물고 상대방 중심의 이타적 성생활을 하는 것이 때론 필요하다.

4. 성교의 목표를 오르가즘이 아닌 사랑의 교제로 설정하라.

네 번째, 성교의 목표를 오르가즘이 아닌 사랑의 교제로 설정하라. 우리가 사랑하기 때문에 교제하는 것이라는 사실 하나만으로 충분한 것이다. 요즘 현대 성 문화가 지나치게 감각적으로 발달하다 보니까 성교할 때마다 오르가즘에 도달해야 하는 것처럼 말하고 그런 선전이 우리 시대에 꽉 차 있다. 그럴 수가 없다. 실제로도 어려운 것이고 어쩌다 있을 수 있는 일이다. 사랑의 교제로 부부는 충분히 행복할 수 있다고 생각한다. 꼭 항상 홈런을 쳐야 하는 것은 아니란 말이다. 야구는 홈런이 아니라 안타로 얼마든지 승리할

─────────────── 기도의 집

수 있다. 그러니까 우리가 그런 세상에서 가르치는 목표에 지나치
게 우리의 목표를 같이 맞출 필요는 없다.

5. 성교에 있어서 남녀의 차이를 충분히 고려하라.

다섯 번째로 성교에 있어서 남녀의 차이를 충분히 고려하라. 성
생활의 관한 강의 책을 보시면 누구나 다 강조하는 것이다. 성에
대한 특성이 남성은 빨리 달아오르고 여성들은 늦게 된다. 그래서
여성을 위한 남성의 기다림, 희생, 헌신이 필요하고 전희가 필요하
다. 그냥 남자의 만족을 위해서만 성생활을 하려고 하지 말고 아내
를 즐겁게 하는 마사지도 충분히 해주시고 아내의 몸의 신호를 따

라서 기쁘게 해줄 수 있어야 한다. 그리고 나서 성적 교제를 마무리할 수 있어야 한다.

그런 남녀의 차이가 힘들다. 남자들은 항상 평소에도 일 중심으로 일에서 목표만 달성하면 된다. 남자들은 백화점에 갈 때도 저도 제 아내 따라서 백화점을 갈 때면 순교자의 정신을 가지고 가는데 왜 백화점을 가자 그러는지 난 이해가 안 간다. 그러나 아내가 좋아하고 기뻐하니까 저는 따라간다. 순교자의 자세를 가지고 따라간다. 그러면 한 군데 들어갔으면 그걸 사야지 잔뜩 뒤져보고 만져보고 물어보고 안 산다. 다른 가게로 간다. 그러면 어떡해? 또 따라간다. 나는 순교자다. 그럼 그 다음 가게 가서 또 물어보고 집어보고 또 안 산다. 또 다른 가게로 간다. 그러면 계속 인내하다가 드디어 한계에 도달한다. 살 거야 안 살 거야? 그게 남자다. 남자란 하여튼 목표만 달성하면 된다. 성생활에서도 그냥 목표만 달성하면 되는 것이다. 그러니까 조루현상을 낳고 빨리 끝나고 만다. 남자들에게도 영적 훈련이 필요하다. 그래서 성적 교제를 할 때 좋은 방법 중 하나는 말씀을 묵상하는 것이다. 사랑은 오래 참고 온유하며 말씀 기억하며 남녀의 차이를 충분히 고려해야 한다.

6. 부부는 성교의 구체적 기호와 느낌을 서로에게 전하라.

여섯 번째, 부부는 성교의 구체적 기호와 느낌을 표현해야 한다. 성적 교제를 할 때 아내는 아내대로 좋아하는 것이 있고 싫어하는 것이 있단 말이다. 불편해하는 것이 있다. 또 몸에 대해서 어떤 부분을 터치하는 것을 좋아할 수도 있고 싫어할 수도 있다. 그것을 솔직하게 서로 이해하게 하고 알고 있는 것이 필요하다. 나는 그런 것 싫어한다 하면 그런 것을 존중해 주어야 한다. 존중해 주고 하지 말아야 한다. 기호와 느낌을 알고 있을 때 서로의 호불호, 좋아하는 것과 안 좋아하는 것을 충분한 대화를 통해서 알고 있을 때 성생활의 만족도가 그만큼 높아 질 수가 있다.

7. 부부는 서로가 할 수 있는 한계 내에서 성적 표현을 할 수 있도록 하라.

부부는 서로가 허용할 수 있는 한계 내에서 성적 표현을 할 수 있어야 한다. 이런 것을 솔직하게 얘기해 보라고 하면 이런 질문이 나온다. 크리스천에게도 오랄섹스가 가능한가? 저는 여기에 대답은 그냥 부부들에게 있다고 생각한다. 부부가 서로 이해하고 허용할 수 있다면 하는 것이다. 그러나 그것이 불편하면 할 수 없는 것이다. 이런 것들은 어떤 정답이 있는 것이 아니고 서로 허용할 수 있는 한계 내에서 표현을 주고받을 수가 있어야 한다. 근데 요즘은 성에 대한 정보(information)가 차고 넘치는 세대이다. 우리가 세상의 성적 교과서와 성적인 것들을 지나치게 보게 되면 우리가 따라

가게 된다. 그래서 위험한 것이다. 지나치게 음란한 비디오나 정보(information)가 많다. 요즘은 전화기도 유튜브도 잘못 가면 그런 데로 들어간다. 그런 것들은 바람직하지 않다. 건강한 성문화를 오히려 오염시킬 수가 있다. 우리가 서로 enjoy는 할 수 있어야 한다. '인조이' 하는데 그것이 절대로 지나쳐서는 안 되고 감각적으로만 발전하는 것은 바람직하지 못하다.

8. 부부는 성생활의 지성소를 확보하고
좀 더 자유롭게 성적 표현을 즐길 수 있게 하라.

부부는 성생활의 지성소를 확보하고 좀 더 자유롭게 성적표현을 즐길 수 있어야 한다. 이게 무슨 말이냐? 좀 안전하게 서로를 즐길 수 있는 집안의 구조에 투자를 할 필요가 있어야 한다. 너무 아이들 방이 옆에 가까이 있고 부부의 성생활의 사운드가 아이들 방에 들리게 되면 부부도 힘들고 아이들은 아이들 나름대로 시험들 수도 있다.

우리 조상들이 존경스럽다. 우리 옛날 조상들은 부부들은 한 방에서 다 살았다. 한 방에서 살면서 애 낳고 언제 부부가 성생활했는지 모르게 살던 우리 조상들이 참으로 놀랍다. 그러나 우리 시대에는 우리가 조금만 투자하고 신경을 쓰면 부부의 침실을 더 잘 보호할 수 있게 만들 수 있다. 부부 침실이 부부의 지성소이기 때문이기에 자유롭게 서로 즐길 수 있는 그런 환경을 만들 수 있다면 좋겠다.

9. 효율적인 성생활을 촉진하는데 필요한 과학적, 의학적 도움을 활용하라.

아홉 번째, 효율적인 성생활을 촉진하는데 필요한 과학적 의학적 도움을 활용하라. 너무 그렇게 고민할 필요없이 병원에 가서 도움받는 것을 창피하거나 부끄럽게 생각할 필요가 없다. 좀 나이가 많다 보면 우리가 발기부전으로 고생할 수 있다. 간단하게 의사에게 도움 받으면 해결될 문제인데 혼자서 고생하는 경우도 있다. 더군다나 목사나 선교사가 가서 이런 것을 해도 괜찮을까 고민하다가 설교 준비도 못하고 그럴 필요가 없다. 과학적인 도움을 받거나 간단한 것들은 약의 도움을 받는다. 여성들은 이제 나이가 많아지게 되면 성교가 고통스러울 수 있다. 그렇기 때문에 좀 부드럽게 할 수 있는 젤을 사용 한다든지 하면 좋다. 옛날에 제가 미국에서 목회를 하고 있을 때 목사 친구가 자기 아내가 몸이 메마르니까 너무 힘들어하는데 love gel이라는 것을 사용하니까 아주 부드럽고 좋더라고 전해주었다. 지금 보니까 한국에 다 나와있었다. love gel, 로션 같은 것을 발라주면 훨씬 쉽게 할 수가 있다. 그렇게 고통스럽게 서로를 학대하지 않고 성적인 교제를 할 수가 있다. 그런 의학적 과학적 도움을 받는 것을 부끄러워할 필요는 없다.

10. 부부는 성교 전후의 사랑의 표현과 예절에 민감하라.

제일 중요한 것은 부부는 성교 전후의 사랑의 표현과 예절에 민감하라는 것이다. 그러니까 너무 성교 자체에만 관심을 가지지 말고 그것을 통해서 서로가 사랑의 메시지를 보내고 '날 편안하게 해줘서 고맙다' 등 감사 메세지를 보내라.

그리고 위생처리로 깨끗하게 자기 몸을 처리하고 예절을 갖추어 상대방을 처리하고 도와주라. 그래서 우리들의 의식 속에 성이라는 것이 불결하거나 불쾌한 것이 아니고 그것은 아름다운 것이고 그것은 부부의 특권이라는 의식을 갖고 평생의 삶을 살아가는 것이 필요한 지혜라고 생각한다.

옛날에 한경직 목사님이 남한산성에 은퇴하고 계실 때 제가 친구인 하용조 목사하고 몇 차례 가서 뵈온 일이 있었다. 목회에 도움받으려고 여러 가지 질문도 하였다. 한번은 제가 이런 질문을 했다. "목사님, 우리 나이가 얼마쯤 해야 성에 대한 욕구에서 완전히 해방이 될 수 있나요?" 그러니까 옆에서 하 목사가 옆에서 그런 거 왜 질문하냐고 옆에서 쿡쿡 찔렀다. "아니 묻고 싶어서 그래." 그때를 지금도 잊어버리지 않는다. 한 목사님이, "죽을 때까지 안 없어집니다." 죽을 때까지 안 없어진단다. 인간에게 성적 욕구라는 것은 평생 따라다닌다. 그걸 어떻게 잘 컨트롤하고 잘 사용하느냐가 중요한 것이다. 요즘은 늙어도 건강하다. 늙은 사람에게도 성생활은 아직도 가능하다고 생각한다. 아주 옛날 조크인데 재밌게 하느라고 옛날을 회상하면서 이야기해본다. 20대의 성생활은 성냥불 같다. 확 불붙는다. 30대의 성생활은 장작불 같다. 장작불은 처음에 키기가 조금 시간이 걸리지만 그 다음에 계속 타오른다. 40대의 성생활은 연탄불 같다. 은근한 화력이다. 50대의 성생활은 화롯불 같다. 죽은 것 같지만 다 살아있다. 60대의 성생활은 담뱃불이다. 힘껏 빨면 나온다. 70대의 성생활은 반딧불과 같다. 어쩌다가 반짝 반짝한다. 80대의 성생활은 꺼진 불도 다시 보자.

 열 가지 나누었는데 마무리로 열 가지 중에 우리 부부에게 가장 필요한 것은 무엇인지 조심해야 할 것과 노력해야 할 것은 열 가지 중에 어떤 부분인지 같이 대화를 나누겠다.
 다 일어나서서 부부가 서로 쳐다보고 손바닥 대시면서 샬롬(필그림 인사말) 해보세요. 샬롬하시고 그 다음에 손을 꽉 잡고 앞으로 잘 해봅시다, 말해보자.

필그림 하우스의 사계 (가을)

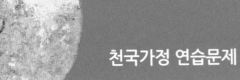

천국가정 연습문제

I | 성의 세가지 목적

1. _____하고 _____하기 위한 창조적 목적(창 1:27-28)

창세기 1:27-28

27 하나님이 자기 형상 곧 하나님의 형상대로 사람을 창조하시되 남자와 여자를 창조하시고 28 하나님이 그들에게 복을 주시며 그들에게 이르시되 생육하고 번성하여 땅에 충만하라, 땅을 정복하라, 바다의 고기와 공중의 새와 땅에 움직이는 모든생물을 다스리라 하시니라

2. _____을 누리기 위한 심리적 – 육체적 목적(창 2:23, 잠 5:15-19)

창세기 2:23

아담이 가로되 이는 내 뼈 중의 뼈요 살 중의 살이라 이것을 남자에게서 취하였은즉 여자라 칭하리라 하니라

잠언 5:15-19

15 너는 네 우물에서 물을 마시며 네 샘에서 흐르는 물을 마시라
16 어찌하여 네 샘물을 집 밖으로 넘치게 하겠으며 네 도랑물을 거리로 흘러가게 하겠느냐
17 그 물로 네게만 있게 하고 타인으로 더불어 그것을 나누지 말라
18 네 샘으로 복되게 하라 네가 젊어서 취한 아내를 즐거워하라

19 그는 사랑스러운 암사슴같고 아름다운 암노루 같으니 너는 그 품을 항상 족하게 여기며 그 사랑을 항상 연모하라

3. 부부 사이의 영적이고 인격적인 _____을 상징하는 대화 적 목적(창 2:24-25, 마 19:5-6)

창세기 2:24-25

24 이러므로 남자가 부모를 떠나 그 아내와 연합하여 둘이 한 몸을 이룰찌로다 25 아담과 그 아내 두 사람이 벌거벗었으나 부끄러워 아니하니라

마태복음 19:5-6

5 말씀하시기를 이러므로 사람이 그 부모를 떠나서 아내에게 합하여 그 둘이 한 몸이 될지니라 하신 것을 읽지 못하였느냐 6 이러한즉 이제 둘이 아니요 한 몸이니 그러므로 하나님이 짝지어 주신 것을 사람이 나누지 못할지니라 하시니

◆ 세 가지 목적 가운데서 어떤 부분의 목적에 대한 이해가 소홀했었는지 우리 부부 사이에 대화를 나누어 보십시오.

Ⅱ | 성에 대한 기독교인들의 세 가지 관점

1. 율법주의적 관점

성에는 _____의 요소가 있으므로 할 수 있는 한 그 사용이 _____되어야 한다.

2. 무율법주의적 관점

성은 _____한 것이므로 제한 없이 _____되어야 한다.

3. 복음주의적 관점

성은 하나님의 축복임으로 하나님의 말씀의 인도를 따라 되어야 한다.

◆ 우리 주변의 성에 대한 통념과 자신의 성에 대한 생각은 어떤 관점에 기울어져 있었는지 나누며 보십시오.

_____

_____

Ⅲ| 창조적 성생활의 삼차원적 전제

A. 영적 전제

1. 부부가 영으로 하나 되어야 한다.

2. 부부 사이에 죄나 갈등이 없어야 한다.

B. 인격적 전제

1. 배우자를 성욕의 대상이 아닌 인격으로 인식해야 한다.

2. 인격적 교제의 극점이 성교로 표현되어야 한다.

C. 신체적 전제

1. 건강해야 한다.

2. 스트레스가 잘 관리 되어야 한다.

★부부의 삼차원적 관계의 건강이 창조적 성생활의 핵심적 전제이다.

스트레스(Stress, Burnout) 검증 테스트

0- 아주 없다 / 1-거의 없다 / 2-가끔 있다 / 3-자주 있다 / 4-항상 있다

1. 나는 잠이 드는 데 지장이 있다 ☐

2. 나는 깨어 일어날 때마다 피곤을 느낀다 ☐

3. 나는 집중하는 일에 문제가 있다 ☐

4. 내 생각은 때때로 자제력을 잃어버린다. ☐

5. 나는 두통이 있다. ☐

6. 나는 위장병이 있고 때때로 통증을 느낀다. ☐

7. 나는 호흡에 지장이 있다. ☐

8. 나는 가슴에 통증을 느낀다. ☐

9. 내 근육은 피로를 느끼고 때때로 아픔이 있다 ☐

10. 나는 등에 통증을 느낀다. ☐

11. 나는 매사에 불쾌감을 느낀다. ☐

12. 나는 이유 없이 사람들에게 화를 낸다. ☐

13. 나는 지나치게 먹는다. ☐

14. 나는 술을 지나치게 마신다. ☐

15. 나는 가끔 자살에 대하여 생각해 본다. ☐

16. 나는 가끔 낙담에 빠진다. ☐

17. 나는 목이 때로 지나치게 뻣뻣해 있고 아픔을 느낀다. ☐

18. 나는 지나치게 앞일을 걱정한다. ☐

19. 나는 고혈압으로 약을 복용중이다. ☐

20. 나는 성욕에 대하여 흥미를 잃어버리고 있다. ☐

21. 나는 성욕에 대한 관심이 증진되었다. ☐

22. 나는 식욕을 잃어버렸다. ☐

23. 나는 다른 사람들과 의사소통하는 일에
    관심을 잃고 있다. ☐

24. 나는 문젯거리들에 대해 떠드는 것을

중단할 수 없다. ☐

25. 나는 염려와 불안을 해소하기 위해 약을 복용한다. ☐

26. 나는 약속이나 마감 시간을 자주 망각하며
   사실상 그런 것들에 별로 개의치 않는다. ☐

27. 나는 자주 감기에 걸린다. ☐

28. 나는 쉽게 권태를 느낀다. ☐

29. 나는 문제에 대한 해결에 대하여
   이미 의욕을 잃어버리고 있다. ☐

30. 나는 전적으로 소외되고 있음을 느끼며 고독하다. ☐

합계점수

평가   0-20 ☐   21-30 ☐   31-40 ☐   40이상 ☐

Ⅳ| 창조적이고 적극적인 성생활을 위한 십계명

1. 성에 대한 비성서적 _____의식을 극복하라.

2. 부부는 서로를 향한 성교의 열망을 자연스럽게 _____할 수
   있어야 한다.

3. 부부는 배우자 중심의 _____적 성생활을 영위해야 한다.

4. 성교의 목표를 _____이 아닌 사랑의 교제로 설정하라.

5. 성교에 있어서 남녀의 _____를 충분히 고려하라.

6. 부부는 성교의 구체적 기호와 느낌을 서로에게 _____ 해야 한다.

7. 부부는 서로가 _____할 수 있는 한계 내에서 성적 표현을 할 수 있어야 한다.

8. 부부는 성생활의_____를 확보하고 좀더_____하게 성적 표현을 즐길 수 있어야 한다.

9. 효율적인 성생활을 촉진하는 데 필요한 과학적·의학적 도움을 _____하라.

10. 부부는 성교 전후의 사랑의 표현과 _____에 민감하라.

◆ 우리 부부의 성생활에서 교정되어야 할 요소들을 토의해 보십시오.

_____

_____

천로역정, 미궁

8장

창조적 대화 생활과 부부의 영적 동행____

태초에 말씀이 있었습니다. (요 1:1)

성경이 예수 그리스도를 말씀logos으로 칭하신 이유 중의 하나는

말씀이 사람과 사람의 만남을 촉매하듯이 말씀이신 예수 그리스도가

하나님과 사람의 만남의 중보자로 오신 까닭이셨습니다.

또한 그는 사람과 사람 사이에 막힌 담을 허시고 참된 화해자로 오셨습니다.

우리가 그와 같은 예수 그리스도의 제자로 살아가고자 한다면 무엇보다

우리가 창조적 대화 생활의 주인공이 되어야 할 것입니다.

오늘날 행복한 가정생활의 가장 큰 장애요인의 하나는

부부 사이의 대화가 단절되고 부모와 자녀 사이의

의사소통이 원활치 못한 것입니다.

"커뮤니케이션Communication이란 두 사람 혹은

그 이상의 사람 사이에서 존재하는 장애물에도 불구하고

의사표현과 반응을 통하여 이루어지는 의미를 전달하는 것을 뜻한다"

Norman Lobsenz and Clark Blackburn

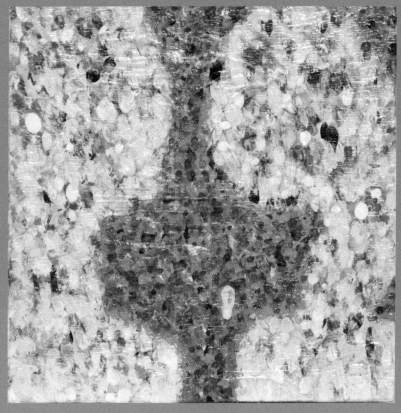

_____ 공감

Holy Pilgrimage for a Couple

깨어진 꽃병

어느 마을에 결혼 50년차 할머니가 살고 있었다.

그 할머니는 거실 식탁 위에

50년째 깨어진 항아리를 놓고 있었다.

이웃 사람들은 너무나 궁금하여 물어보았다.

"할머니, 왜 이렇게 항상 깨어진 꽃병을 놓고 계세요?"

할머니는 빙그레 웃으며 대답하였다.

"50년 전 이 방에서 지금의 남편으로부터 프로포즈를 받았는데

너무 기쁘고 황홀하여 가지고 있던 꽃병을 떨어뜨리고 말았어요.

항상 이렇게 첫사랑의 기쁨을 간직하고 설레며 살고 싶어

이렇게 깨어진 꽃병을 놓고 있답니다."

————————— 기쁨

8장 | 창조적 대화 생활과 부부의 영적 동행

결혼 전 젊은 여성들은 결혼이 마치 "내 이상형 나와라, 뚝딱!" 하면 내 이상형이 백마를 타고 짠하고 나타나는 줄 안다. 그러나 결혼은 요술 방망이가 아니라 끊임없는 노력의 결과일 뿐이다. 마지막 8장은 창조적 대화 생활과 부부의 영적 동행이다. "태초에 말씀이 있었다."(요 1:1) 성경이 예수 그리스도를 말씀으로 칭하신 이유 중에 하나는 말씀이 사람과 사람의 만남을 촉매하듯이 말씀이신 예수 그리스도가 하나님과 사람 사이에 만남의 중보자로 오셨기 때문이다. 또한 그는 사람과 사람 사이의 막힌 담을 허시고 참된 화해자로 오셨다. 우리가 그와 같은 예수 그리스도의 제자로 살아가고자 한다면 무엇보다 우리가 창조적 주인공이 되어야 할 것이다.

오늘날 행복한 가정생활의 가장 큰 장애 요인 하나는 부부 사이의 대화가 단절되고 부모와 자녀 사이의 의사소통이 원활하지 못한 것이다. 커뮤니케이션이란 두 사람 혹은 그 이상의 사람 사이에서 존재하는 장애물에도 불구하고 의사 표현과 반응을 통하여 이루어지는 의미를 전달하는 것을 뜻한다.

Ⅰ. 창조적 대화 생활의 전제

창조적 대화 생활의 전제이다. 우리가 대화 생활을 마지막으로 공부하는 것은 결국 부부가 잘 통하면 평생을 행복하게 잘 가는 것이고 통하지 않으면 힘든 것이기 때문이다. 우리 몸에도 피가 통하지 않고 돌지 않으면 힘들고 병이 생기는 것과 마찬가지이다. 왜 우리 부부 사이의 대화가 계속 막히느냐? 결국 세 가지 원인 때문이다.

첫째, 성인 아동의 극복

첫째는 성인 아동을 극복하지 못하기 때문이다. 어렸을 때부터 쌓여왔던 어떤 습관이 우리를 지배하고 다스린다. 성인 아동(adult-child)이란 말은 우리가 성인이 되어도 아이 시절의 어떤 트라우마나 아이 시절의 습관이 지금도 우리를 지배하고 있다는 의미이다. 그래서 우리가 어른인데도 애들 같이 삐치고 토라지게 만드는 그런 요소들이 우리 안에서 우리를 지배한다는 것이다. 고린도전서 13장 11절에 재미있는 말씀이 있다. "내가 어렸을 때는 말하는 것이 어린아이와 같고 깨닫는 것이 어린아이와 같다가 장성한 사람이 되어서는 어린아이의 일을 버렸노라." 버리지 못한 것이 성인 아이다. 버리지 못하고 아직도 갖고 있는 것이다. 버려야 하는데 아직도 아이들처럼 오히려 유치하게 군단 말이다. 부부가 싸우는 것을 보면 유치한 이유를 가지고 싸운다. 무슨 대단한 신학적인 토론을 하다가 싸우는 것이 아니라 아무것도 아닌 시시한 것 가지고 부부싸움을 한다. 성인 아이를 극복하지 못하고 있기 때문이다.

둘째, 갈등의 신학 이해

또 하나는 갈등의 신학을 이해하지 못하는 것이다. 지금 우리가 살고 있는 이 시점은 타락 이후이다. 그리고 예수님이 아직 다시 오시기 전이다. 예수님이 다시 오셔야 완성이 된다. 죄도 없고 갈등도 없고 눈물이 없는 세상이 이루어진다는 말이다. 그러면 타락 이후에 지금 이 시점에 우리의 삶은 불안정성, 오류가 있는 것이 당연한 것이다. 예수 믿고 구원받았지만 결코 완전한 존재가 아니다. 갈등 없는 가정은 없다. 갈등이 있는 것이 당연하다. 그래서 그 갈등을 수용하고 극복할 줄 알아야 한다. 극복 못하면 그것이 문제가 된다. 예수 그리스도 재림 이전에 살고 있기에, 구원받았으나 아직도 불완전한 성도의 갈등은 피할 수 없는 현실이다. 갈등은 삶의 한 부분인데 갈등을 부인하는 것은 우리로 하여금 갈등에서 도피하게 하는 것이다. 갈등이 있으면서도 갈등이 없는 것처럼 행동하기도 한다. 갈등이 없는 가정이 있을까? 갈등이 없는 부부가 있을까? 갈등이 없는 교회가 있을까? 갈등이 없는 선교지가 있을까?

선교지에 가보니까 우리 선교사님들끼리도 되게 많이 싸우시고 계셨다. 어디 가나 있는 현상이다. 그것은 인간이 있는 곳엔 어쩔 수 없는 것이다. 그것을 받아들이고 갈등을 인정하면서 우리가 예수 믿지만 아직도 성화가 완성되지 못하였고 하나님 나라가 완성되기 이전에 살고 있기 때문에 갈등은 당연한 것이라고 생각해야 한다. "당신이 어떻게 그럴 수가 있어?"가 아니고 당신이 그럴 수가 있는 것이다.

제 목회에 도움이 되었던 만남이 있다. 제가 미국에서 첫 번째 신학 연구를 하고 한국에 나오면서 LA에 들러 지금은 고인이 되셨지만 당시에 LA 한인침례교회의 김동명 목사님과 《죽으면 죽으리라》 저자이신 그 유명한 안이숙 여사님을 만나뵈었다. 두 분한테 선배로서 한국 가서 앞으로 사역할 저에게 좋은 충고가 있으면 해 달라고 하였다. 김동명 목사님은 아무 소리 안 하시고 가만히 계셨다. 근데 안이숙 여사님이 "이 목사님, 사역하다 보면 별의별 일 다 생겨요. 그럴 때 너무 놀라지 말고 그럴 수도 있지 그러세요." 그 말이 굉장히 마음에 와닿았다. 한국 나와서 일 년 되지 않아서 책방에 갔는데 안이숙 여사님 책을 만났다. 책 제목이 바로《그럴 수도 있지》였다. 그 말을 잊어버리지 않는다. 목회하다 보면 또 여러분이 사역하다 보면 선교현장에서 일하다 보면 여러분이 전혀 기대하지 않았던 일이 생겨서 힘들 때가 있게 된다. 그럼 그럴 때 "그럴 수도 있지"라고 말해보자.

셋째, 일상적 스트레스의 관리

그리고 마지막으로 일상적 스트레스의 관리이다. 스트레스를 잘 관리해야 한다. 스트레스가 없을 수는 없다. 그리고 스트레스 중에는 좋은 스트레스도 있다. 좋은 스트레스는 유스트레스라 한다. 디스트레스라는 아주 나쁜 스트레스를 피해야 한다. 그럴 때 적절하게 쉼을 갖고 힘들어도 대화를 열고 문제를 계속 풀어가는 것을 배워야 된다. 결론적으로, 그리스도인들이 일상생활에서 어떻게 늘 기쁨을 유지할 수 있느냐? 결국 우리 크리스천들에게 마지막 소망은 하나님 앞에서 쏟아낼 줄 알아야 한다는 것이다. 영적으로 하나님 앞에 내 마음을 토하라. 제가 좋아하는 말씀인데 하나님 앞에 다 토해 놓고 '그럴 수도 있지'라고 말하라. 그리고 다시 주님 말씀과 기도로 나 자신을 붙들게 되면 우리가 조금 흔들렸다가도 다시 성경에 기록된 말씀처럼, '우리가 흔들렸지만 아주 엎드러지지 아니함은'(시 37:34)이란 말씀처럼 아주 엎드러지지 않는다. 다시 일어설 수 있다.

II. 창조적 대화 생활의 방법

부부 관계에서 의사소통은 부부 관계의 34%를 차지하는 중요한 변인이다. 일상의 우리를 둘러싼 관계 속에서 부부 관계를 포함해서 모든 관계 속에서 상처(트라우마)를 피하고 상처를 잘 극복하는 대화의 방법이 있다. 비언어적 의사소통이다. 우리의 대화 생활은 꼭 말로만 소통하는 것이 아니다. 말이 아닌 말이 비언어적 메세지이다(Non-verbal language). 비언어라는 것은 우리가 어떤 자세를 갖느냐 그리고 서로 대화할 때 어떻게 쳐다보는가, 얼굴 표정이 어떤가, 제스처는 어떻게 쓰는가, 내 목소리는 어떤가, 내가 어떻게 사람들을 접촉하고 터치하는지를 말한다. 사실 이런 것들은 강의 가지고는 안 된다. 연습을 해야 한다. 영어에 "practice makes perfect"라는 말이 있는데 자꾸 연습을 해야 된다. 이것은 한 시간의 강의로 해결될 것이라 기대해서도 안 되지만 그래도 알고 있는 것이 모르는 것보다 낫다.

예를 들어서 우리가 서로 대화할 때 뒤로 몸을 젖힌다. 뒤로 몸을 젖히면 괜히 무시하는 것 같다. 거절하는 자세이다. 그러나 이렇게 약간 앞을 숙이게 되면 대화하려는 자세로 보인다. 목에 힘을 주는 사람이 있는데 목에 힘을 풀어주자. 목에 힘을 풀지 않고 힘을 주면 성경에서 그런 사람을 목이 곧은 사람이라 한다. 좀 부드럽게 하고 그리고 되도록이면 자세도 공손하게 대화하는 것이 바람직하다. 발을 어긋나게 하고 말하게 되면 우리가 상대방을 괜히 거절하는 듯한 인상을 줄 수 있다. 눈을 맞추고 대화하면서 자꾸 다른데 쳐다보지 않아야 한다. 서로 같은 방향을 본다. 상대방에게 집중해준다. 주목한다. 얼굴 표정도 괜히 금방 세상의 종말이 오는 것처럼 인상 쓰지 말고 웃으려고 노력해야 한다. 그리고 상대방을 자연스럽게 쳐다보고 괜히 수상하게 쳐다보지 말고 제스처도 몸을 움츠려 있지 말고 의사소통하자. 상대방에게 관심을 갖는 건 좋은데 그렇다고 그냥 아주 움츠려서 하게 되면 그것도 이상하다. 손가락질 하지 말고 손을 펴야 한다. 부드러운 목소리로 말하며 고함치지 말고 의사소통하자. 우리 한국 사람들은 목소리가 너무 높다. 중국은 더 높다. 세상 다니다 보면 시끄러운 사람은 중국 사람 아니면 한국 사람이다. 조금 톤을 죽이고 따뜻하게 부드럽게 말하는 습관을 쌓으며 상대방의 반응 앞에 같이 반응을 적극적으로 해주어야 한다. 상대방이 반응을 전혀 해주지 않으면 교제가 일어날 수 없다.

효율적 의사소통

입술의 30초가 가슴에 30년이라는 말이 회자되고 있다. 효과적인 의사소통에서 말하기와 듣기가 중요하다. 말하기에서 중요한 것은 상대방을 주목하고 천천히 말하는 것이다. 너무 급하게 하지 말고 천천히 말한다. 또 우리의 감정표현은 반드시 해야 한다. 감정을 표현하는데 심리학자들은 you 메시지로 하지 말고, I 메시지로 하라고 가르친다. "당신 어떻게 내 생일을 잊어버려?" 그러면 싸우자는 얘기이다. 근데 나 주장법(I Message)을 쓰면, 이렇게 말한다. "나는 당신이 내 생일을 잊어버린 것이 굉장히 좀 섭섭해요." 그럼 훨씬 낫다. "당신이 어떻게 내 생일을 잊어버려?" 등 공격형 메세지는 당신과 싸우자는 것이다. "당신이 항상 늦게 들어오면 저는 걱정된다." 이런식으로 상대방의 그 행동으로 인하여 내가 느끼는 나의 감정만을 표현하면 훨씬 낫다. "당신 그렇게 무책임할 수 있

어?" 대신에 "저는, 우리가 서로서로의 일에서 책임을 지는 모습을 보고 싶어요."라고 하면 상대방이 기분 나빠 할 필요가 없어진다. 근데 당신이 You Message를 쓰면 굉장히 공격적이 된다. 그 사건으로 인하여 내가 느끼는 감정만을 이야기하는 것이 I message기법이다. 근데 I Message라는 기법을 사용하면 그 사건으로 인하여 내가 느끼는 감정만을 표현하는 의사표현이기 때문에 싸움이 안 난다.

구체적으로 말한다. 짧게 말한다. 말이 너무 길면 무슨 얘기하는지 하나도 모른다. 설교할 때도 콤마가 너무 많으면 안 된다. 단문으로 끝나야 된다. 설교 세미나에 오시면 짧게 말하는 이런 훈련도

한다. 문제에 대해서 말하고 사람에 대해서 공격적으로 말하지 않는다. 문제만 다루면 된다. 당신이라는 사람이 이렇다 등, 공격적 메시지로 말하면 싸움이 된다.

듣기를 잘해야 한다. 상대방을 집중해서 듣는다. 듣는 표시가 무엇인가? 눈으로 쳐다보고 고개도 좀 끄덕끄덕하는 것이 듣고 있다는 표시이다. 분명하지 못한 부분에서는 질문도 한다. "그러면 그것은 이렇게 된다는 말씀이신가요? 다시 한 번 설명해 주시겠어요?" 이렇게 해서 명료화 시킬 수 있다. 가끔 상대방의 중요한 얘기에 대해선 반복(mirroring)해준다. "이렇게 하면 이렇게 된다는 의미인가요?" 이렇게 내용을 반복해 준다. 또한 "굉장히 많이 힘드셨겠네요." 등 적극적인 경청이 중요하다. 상대방의 말의 흐름을 중간에 끊으면 절대로 안 된다. 중간에 끊게 되면 "나 말 다 안 끝났는데 개입하네요. 저런 인간하고 대화 안 해." 이렇게 된다. 들어야 된다. 이를 악물고 들어야 된다. 또 쉽게 판단이나 결론을 내리지 말아야 한다. 우리 남자들은 빨리 결론을 내리려 한다. 좀 참고 듣고 나중에 같이 결론을 맺어볼 때 훨씬 더 좋은 대화가 된다. 연습이 많이 필요하다.

부부 의사소통 10계명

첫째, 동의하지 않을 때도 "…이라는 말씀이지요. 제가 제대로 이해했어요?"라고 반영해 주며 경청하고 있음을 알려주는 반영기

법을 사용해보자.

둘째, 35년 동안 3,500쌍을 실험실 Love lab에 넣고 실험한 종단적 연구결과인 이혼의 4가지 예측인자(비난, 경멸, 방어, 담 쌓기)를 피해보자. 비난 대신 요청으로, 경멸 대신 존중으로, 방어 대신 인정으로, 담 쌓기 대신 대화로 풀어가야 한다.

셋째, 말하기보다 듣기를 훨씬 많이 해주자. 귀는 2개이지만 입은 하나이다. 한자어 "들을 청(聽)"자에서처럼 임금님이 말씀하시는 것을 듣는 것처럼 14번 마음을 다해서 듣는 연습을 하자. 듣기만 잘해주어도 그 가정이 치유되고 행복한 부부 생활을 열어갈 수 있다. 배우자의 말을 들을 때 분석가 유형, 도덕가 유형, 지배자 유형 이 되지 말자.

넷째, 과거를 들추지 말고 지금, 여기(Here & Now)에서 말해보자

다섯째, 상대방의 행동을 공격하기 보다는 그 사실로 인하여 내가 느끼는 느낌만을 표현하는 I message기법으로 말해보자.

여섯째, 듣기유형에서 "그런거 가지고 그래" 같은 축소형은 피하고, "그 얘기 그만해" 등 억압형도 피하고, "당신 마음대로 해" 등 방관형은 피하고 비언어적 메시지까지 들을 수 있는 제3의 귀(3rd

Ear)를 갖도록 노력하자. 귀는 두 개이고 입은 한 개임을 기억하자.

일곱째, 배우자의 원 가족에서 생긴 그의 그림자, 아픔, 수치심, 외로움으로 생긴 그의 긴 그림자, 평생 그를 쫓아다니는 그의 긴 그림자를 나의 따뜻한 언어의 볕으로 녹여보자

여덟째, FAMILY(Friendly, Attentive, Me too, Interest, Look, You're centered) 대화법을 활용하자. 즉, 친근한 모습으로 귀를 쫑긋하며 들어주고, "나도 그래" 동의해 주며, 관심 어린 눈망울로 들어주고 "당신이 우리 대화의 주인공입니다"라는 자세로 경청해주자.

아홉째, 문제 중심적 대화에서 해결 중심적 대화로 이끌어보자. 작은 문제 하나가 해결되면 볼링할 때 한 개의 핀을 맞추어 넘어뜨리면 그 입김으로 도미노 현상이 일어나 그 주위의 핀들을 좌악 무너뜨리게 된다는 것이다. 이 때 유머 양념이 필요하다.

열 번째, 마지막으로 부부 의사소통 핵심기술인 칭찬 기법을 활용하자. 어느 집사님의 간증이 생각난다. 부부 세미나에 참여했을 때 사회자가 배우자의 장점을 쓰라고 하였단다. 왜 이 배우자를 택하였는지 쓰라고 했단다. 남편에게서 과분한 칭찬을 받게 된 이 집사님은 그후 10년 동안 칭찬받은 대로 되려고 엄청 노력하는 자신을 발견하게 되었단다. 비난이 내 배우자를 나의 이상형으로 만들어주는 것이 아니라 칭찬이 내 배우자를 나의 이상형으로 만들어

주는 것이다.

피해야 할 의사소통

이름 짓기 Name calling

상대방에게 이름을 지어서 인간을 낮추어 버리는 것이다. 넌 바보야. 꼴통이야.

이렇게 해서 상대방을 어떤 카테고리 안에 묶어 버리는 것이다.

비웃어 버리기 Putting down

상대할 인간이 아니야. 당신 밥 먹을 가치도 없어.

비난하기 Blaming

왜 하는 일마다 그 모양이냐?

부인하기 Denying

난 상관없어요. 난 모른다고요.

내가 몰라도 그렇게 하지 말고 그런 일이 있었군요. 어떻게 해서 그런 일이 생겼을까요?

방어하기 Defending.

잘못을 인정하면 깨끗이 끝나는데 그것을 하지 않고 핑계를 대고 변명을 하는 것이 방어이다. 왜 나한테 핑계를 대요? 난 상관이 없는데.

마음 읽기|Mind-reading

당신 뭐 꿍꿍이가 있으니까 그런 소리 하지? 상대방의 마음을 내가 들어가서 읽는 것처럼 얘기하는 것이다.

딴소리하기|Side-tracking

내 친구들에게 연락해보세요. 내가 그런 적이 있나? 내 일터에 연락해보세요. 이렇게 자꾸 딴소리로 돌린단 말이다.

대신 말하기|Talking for others

내가 개입해서 결론을 대신 내려주는 것이다.

체념 전달하기|Communicating for others

다 끝난 거예요. 할 생각도 하지 마세요. 우리도 모르게 부정적인 표현(negative expression)과 부정적 언어(negative language)를 너무 많이 쓴다.

침묵하기|Not-answering

어떤 사람들은 말을 안 한다. 그냥 침묵하고 산다. 나는 당신하고 상관하지 않겠다. 사실은 우리가 이런 경우 때문에 다른 사람들하고 대화의 벽, 담을 쌓는 사람들이 많이 있다.

III. 남편과 아내, 둘 다 이기는 가족 싸움의 규칙

둘 다 이기는 가족 싸움의 규칙을 배워보자. 저는 침묵보다는 싸우는 부부가 건강하다고 믿는다. 말 안 하고 사는 것보다는 싸우는 것이 훨씬 낫다. 싸우는 것도 일종의 커뮤니케이션이다. 소통은 하고 있는 것이다. 아무 소리 안 하는 것보다는 싸우기라도 하는 것이 차라리 낫다. 그런데 싸울 때 둘 다 이기는 싸움을 해야 한다. 한 사람은 지고 한 사람이 이기는 것이 아니라 함께 이기는 싸움을 해야 한다.

1. 시간과 장소를 잘 선택한다.

첫째, 시간과 장소를 잘 선택해야 된다. 새벽부터 일어나서 난리를 치지 말자. 재미난 것은 아담과 하와가 범죄했을 때 하나님이 언제 와서 따지냐면 그 타이밍이 기가 막히다고 생각한다. 저녁 서늘할 때였다. 아담과 하와가 범죄하고 선악과 먹고 마음이 괴로웠을 때이다. 저녁이 서늘할 때 하나님이 오셔서, "아담아, 네가 어디 있느냐?" 그러니까 아담이 그래도 고백할 준비가 되어 있었다. 새벽부터 와서, "아담아! 너 이거 따먹었지?" 아니면 정오에 밥 먹을 때, "아담, 나와. 나랑 얘기하자." 하지 않으시고, 저녁 서늘할 때 따지러 오셨다. 난 이런 하나님이 너무 좋다. 따지더라도 시간과 장소

천로역정 순례길

를 잘 선택해서 우리가 대화를 하는 것이 중요하다.

2. 차례로 균등한 시간만큼 얘기한다.

차례로 균등한 시간만큼 이야기한다. 우리가 회의 같은 소그룹을 진행할 때에 짤막하게 모두가 1분 이내에 골고루 얘기할 수 있도록 해야 한다. 그런데 시간을 독점하는 사람이 있다. 혼자서 독점하고 다 얘기한다. 그러면 우리가 모두의 얘기를 들어보기 위하여 1분이 넘으면 제가 시그널을 보내 드리겠다. 1분 안에 우리 각각의 의견을 함께 얘기하기로 하자. 그리고 다른 사람이 얘기하면 절대로 치고 들어가지 말고 경청해야 한다. 어떻게? 일단은 이를 악물고 들어주어야 된다.

3. 과거를 들추지 않는다.

자꾸만 우리는 과거를 가지고 현재를 복잡하게 만든다. 우리가 굉장히 다루기 힘든 사람은 아주 신경이 예민한 사람이다. 그런 사람을 히스테릭한 사람이라고 한다. 근데 히스테릭한 사람보다 더욱더 다루기 힘든 사람이 있다. 히스토릭한 사람이다. "당신 오 년 전에도 그 짓 했잖아." 꼭 과거를 끄집어낸다. 과거를 묻지 말라. 과거를 들추지 말라.

4. 과장된 언어를 쓰지 않도록 한다.

"당신은 항상 그 모양이야." 대화의 과잉 일반화를 삼가라. 그러면 "내가 언제 항상 그러니?"라고 항변하게 된다. 과장된 언어를 쓰기 때문에 갈등이 더 심해진다.

5. 대화 중간에 동의 없이 말을 중단하지 않는다.

일단은 들어주어야 된다. 들어주면 치유된다. Listening bring about Healing.

6. 제삼자를 대화에 끌어들이지 않는다.

"누구 엄마 보세요." "누구 아빠 보세요." "누구 아빠가 무슨 상관이 있어. 나는 나지." 자꾸 제삼자를 자꾸만 끌어 들인다는 말이다. 도움이 안된다.

7. 어떤 경우에도 인신공격이 아닌 문제 해결에 집중한다(#2).

어떤 경우에도 인신공격이 아닌 문제 해결에 집중한다. 문제를 가지고 남편과 싸우다가 남편과 아내가 격돌한다. 연습문제Ⅲ의 첫 번째 그림은(314p) 문제를 뚫고 남편과 아내가 격돌한다. 그런데 두 번째 그림은 남편과 아내가 절대로 격돌 안 한다. 문제에 집중한다. 문제만 해결하면 된다. 문제 가지고 싸우다가 둘이 싸운다는 말이다. 문제를 해결하면 되는 것이지 둘이 싸울 필요는 없다.

8. 서로의 과오에 대하여 관용(용서)한다.

남을 용서하지 못하는 것은 내 가슴에 총알을 박고 있는 것과 같다. 서로의 과오에 관해서 용서한다. 관용한다. 우리 인간이 잘못하는 것이 당연한 것이다. 나는 크리스천다운 인간관계는 자신의 과오를 인정하고 용서를 구할 줄 아는 것이라 생각한다. 정말 우리가 "당신 사랑해요"란 말과 함께 "내가 잘못했소. 미안하오." 이런 말을 할 줄 아는 사람들은 결코 무너지지 않는다. 자기 과오를 인정할 줄 알아야 한다. 그런데 이것도 연습해야 된다. "여보, 내가 잘못했소. 나를 용서하시오." 다같이 한번 해보자. 연습을 해야 실습이 된다. 목회하면서 목사가 실수할 수 있다. 저는 실수하면 그 부분은 "제가 잘못 판단했습니다. 용서해주십시오." 저는 많이 그렇게 했다. 그러니까 싸울 필요가 없다. 그냥 나는 항상 잘하고 교인들만 잘 못한다 생각하면 목회의 장이 혼란해진다. 부부 관계도 마찬가지이다. 과오를 인정할 줄 아는 것이 크리스천다운 삶의 모습이다.

9. 사랑의 행동으로 대화를 마무리한다.

프랑스 빈민의 아버지 삐에르 신부는 "삶이란 사랑하는 법을 배우기 위한 얼마간의 자유 시간이다"라고 말했다. 성경은 산을 옮길만한 믿음이 있고 내 몸을 불사를 희생을 치르더라도 사랑이 없으면 아무것도 아니라고 말씀하고 계신다. 그렇다. 사랑이 살린다 (Lieben belebt). 사랑의 행동으로 대화를 마무리하며 죽도록 내 님을 사랑하라. 이것이 마지막 결론이다.

10. 해결이 쉽지 않은 문제의 대화에서는 휴전을 제안한다.

해결이 쉽지 않은 문제에서는 이 한 순간에 해결할 필요가 없다. 좀 더 기도해 보면 좋다. 제 목회에 도움이 되었던 것 중에 하나가 이제는 고인이 되셨지만 아주 오래전에 미국에 버지니아 리버티 대학의 제리 펄웰(Jerry Falwell)이라는 목사님이 계셨다. 지금 그의 아들이 리버티 대학의 총장이신데 옛날에 그분 교회가 Thomas Road Baptist church인데 목회자 컨퍼런스를 했던 적이 있다. 거기서 그분이 그런 얘기를 하셨다. 자기는 어떤 문제를 교회에서 토의할 때 만장일치가 아니면 절대로 결정하지 않는다고 하셨다. 우리가 의견이 모아지지 않으니까 좀 더 기도해 봅시다. 그리고 석 달 지나고 다시 문제를 낸다. 아직도 우리 의견이 모아지지 않으니 좀 더 기다려 보십시다. 이렇게 자기가 토의 안건으로 네 번만 내면은 다 해결된다고 하셨다. 너무 서둘러서 이렇게 과반수 투표, 이기는 투표, 더 많은 사람 쪽으로 합시다 하면 꼭 상처받는 사람들이 생긴다고 한다. 미국 사람인데도 그런 얘기를 하였었다.

제가 목회하는 동안에는 의견이 모아지지 않으면 결정을 안 했다. 우리 좀 더 기도합시다. 그런데 항상 그런 기도의 기다림이 좋은 결과를 내곤 하였다. 몇 번 토의하게 되면 뜻대로 되었다. 우리 교회가 지금은 분당과 수지에 있는데 그 전에는 수지에만 있었다. 수지건물이 그렇게 큰 건물이 아니니까 우리 스태프들이 와서 말했다. 요즘은 100대 200대 차들이 들어오지 못하고 어려우니까 교회에 왔다 다시 돌아간다고, 그래서 그러면 우리가 대안을 만들어보자고 했다. 그래서 제직회에서도 우리가 요즘 주차가 어렵고 힘든데 좋은 아이디어 좀 제시해달라고 했다. 그런데 어떤 분이 와서 말했다. "분당에 뉴코아하고 킴스클럽 두 개의 백화점이 있는데 문을 닫았는데 한번 우리가 그것을 알아봐 줬으면 좋겠습니다." 그래서 "알아 봐주세요." 했더니 백화점 문을 닫은 빌딩이 두 개인데 그 비용이 천억이라고 하였다. 제가 제직회에서 빌딩이 있기는 있는데 그게 천억이라고 말하니 교인들의 반응이 둘로 쫙 갈라졌다. "그런 것 목사님 생각도 하지 마세요. 시험 들어요."그런 사람들은 주로 교수들이다. 근데 사업하는 비즈니스맨들은 생각이 달랐다.

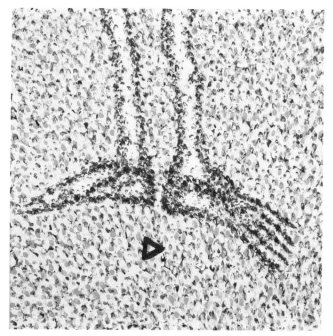

사랑의 눈물_PASSIO

그 빌딩을 잘 이용하면 세도 주고 하면 어쩌면 우리가 세를 그렇게 많이 내지 않고도 우리가 그 건물을 접수할 가능성도 있으니 연구해 보자고 했다. 반반으로 쫙 갈라졌다. 그래서 내가 그랬다. "우리가 의견이 안 모아지니까 좀 더 기도하는 시간을 가집시다. 그리고 다음에 모일 때는 기도한 사람만 발언할 기회를 가집시다."

석 달 지나고 나서 모였다. 근데 여전히 반반이다. 건물은 필요하지만 목회의 본질은 아니라고 생각하고 있었다. 그래서 우리가 의견이 갈라지면서 우리가 이것을 추진해야 할 이유는 없다. 이것을 하나님께 당분간 맡겼으면 좋겠다. 나도 내가 이 얘기를 왜 마지막에 했는지는 모르겠는데 그곳에 빌딩이 둘인데 그 중에 하나를 다른 분이 다른 회사에서 한다든지 하고 나머지 한 빌딩 가지고 우리는 충분한데 생각하며 그런 대안이 나오지 않으면 당분간은 기도만 하고 하나님께 맡겨 둡시다 하고 끝냈다.

그리고 일 년이 지나갔다. 그 동안에 그 건물을 사려고 삼성도 왔다 가고 롯데도 왔다 가고 했는데 이상하게도 성사가 안 됐다. 그런데 이랜드 회장실에서 저한테 연락이 왔다. "우리가 지금 그 분당에 있는 뉴코아하고 킴스클럽 빌딩을 연구하고 있는데 히스토리를 보니까 지구촌교회가 관심을 가졌다는데 지금도 관심을 갖고 있습니까?" 딱 듣는 순간 느낌이 왔다. '하나님이 이 때를 위해서 그러시나?' 그러면서 그분 말씀이 "우리는 사실 두 개의 빌딩이 필요 없습니다. 하나만 있으면 됩니다. 나머지 한 빌딩을 지구촌교회가 한다면 우리가 같이 한번 연구해 보시죠."라고 했다. 그렇게 제안하면 우리 교인 가운데 반대할 사람 별로 없을 것 같다고 생각했다.

그 다음에 제직회에 내놓았다. 그 다음에 일어난 놀라운 사실이 있다. 천억이었는데 그게 이제 부동산 신탁이라는 데로 위탁이 되었다. 그러면서 여러 회사들이 거쳐갔다 사지 않으니까 천억이 오백억이 되었다. 근데 오백억을 반으로 나누자는 것이다. 2001 아울

렛하고 반반 나누자는 것이다. 250억만 가지면 충분하다고 한다. 우리가 그 정도는 할 수가 있었다. 그래서 의견을 내놓으니까 만장일치로 가결되었다. 그래서 우리가 그 건물에 들어가게 되었다. 그때 그것을 기다리지 못하고 마구 추진했다면 어떻게 됐을까? 의견이 모아질 때까지 기다리는 것이 제일 중요한 것 같다.

IV. 부부의 영적 동행

하나님과의 삼각관계

결론을 맺겠다. 부부의 영적동행은 하나님과의 삼각관계로 보아야 한다. 우리 둘만 사는 것이 아니라 하나님과 더불어 사는 것이다. 하나님과의 삼각관계에서 잘 보시면 남편이 하나님을 향해 가까이 갈수록 아내가 하나님을 향해 가까이 갈수록 남편과 아내 사이 관계가 거리가 좁혀진다. 그러니까 정말 남편도 하나님 바라보고 아내도 하나님 바라보고 그러면 하나님 안에서 두 사람 거리가 좁혀지고 하나가 된다. 간단한 원리이다. 한번 다같이 손을 삼각형 만들어보자. 여기가 남편, 여기가 아내, 여기 위에 하나님, 근데 하나님을 향해 가까이 갈수록 남편과 아내가 좁혀지고 하나가 된다. 이 간단한 원리를 우리가 기억하면 좋겠다.

하나님께 먼저 아뢰는 기도로 갈등을 해결하기

남편과 아내가 너무 말을 많이 하다 보면 싸움이 일어나고 마음만 상하고 트라우마가 생기고 상처가 생긴다. 그러니까 자꾸 아내만 설득하려고 하지 말고 하나님께 먼저 얘기를 한다. 그래서 하나님이 우리 마누라를 설득해주도록 기도한다. 또 아내는 직접 남편을 설득하려고 하지 말고 하나님께서 우리 남편 좀 설득해주도록 먼저 기도한다. 저는 이걸 느헤미야 원리(Nehemiah Principle)이라고 이야기 한다. 느헤미야가 왕의 비서실장 같은 역할로 술 관원으로 있으면서 늘 왕을 만나서 얘기할 수 있음에도 자기가 고향에 돌아가서 성 쌓겠다는 이야기를 직접 하지 않는다. 먼저 하나님께 기도한다. 4개월 동안 하나님께 기도하고 어느 날 타이밍을 붙잡았다. 느헤미야 2장을 보시면 아마도 느헤미야 얼굴이 안 좋았다. 왕이 당신 얼굴에 수심이 있어 보인다고, 무슨 일 있냐고 묻는다. "사실은 저희 백성들이 예루살렘에서 참으로 어려운 생활을 한다고 합니다." "그럼 내가 뭐 도와줄 것 없는가?" "예, 왕이시여, 저에게 시간을 주시면 제가 가서 성을 쌓는 일을 돕고 돌아오겠습니다." 직접 얘기 안 하고 기다리고 하나님의 타이밍을 기다렸단 말이다. 우리에게 이 지혜가 필요하다.

부부가 함께 말씀과 기도로 교제하기

부부 동행의 축복

부부 사이에 말씀과 기도로 교제하는 일을 어려워하는 분들이 많다. 큐티 하시고 "오늘 이 말씀이 참 좋더라." 오늘 이 말씀 속에서 정말 이것이 좋았다고, 오늘 말씀 속에서 만난 하나님, 영광의 하나님이 이 모든 사건을 통해서 영광을 받으시기를 원한다고 나눈다. 그럼 아내는 아내대로 자기가 큐티한 것을 나눠준다. 매일 나누었다. 제가 전에 목회할 때는 매일 못했다. 그래도 비교적 마음이 여유로운 토요일 오전 같을 때 커피 나누고 토스트 나누면서 같이 아침에 큐티 한 말씀을 나누고 한 주간 좋았던 일 나누고 하였다. 최근에는 제가 집에 있는 한 거의 매일 아침 함께 나눔을 갖는다. 부부가 함께 나눌 때 두 사람이 동행하는 삶이 정말 이루어질 수 있다. 음악도 같이 듣고 시집도 꺼내서 읽으면 우리 마음에 잔잔한 감동의 파장이 있게 된다. 가정에 평화와 기쁨이 찾아온다.

당신으로 인하여 눈부신 아침을, 그리고 고요한 저녁을 맞는다.

나태주 시인의 시 《멀리서 빈다》라는 제목의 시가 있다. "어딘가 내가 모르는 곳에 보이지 않는 꽃처럼 웃고 있는 너 한 사람으로 인하여 세상은 다시 한 번 눈부신 아침이 되고 어딘가 네가 모르는 곳에 보이지 않는 풀잎처럼 숨쉬고 있는 나 한 사람으로 인하여 다시 한 번 고요한 저녁이 온다."

너무 좋다. 당신과 나 때문에 우리가 서로 아침을 살고 저녁을 같이 맞이한다. 우리가 서로 격려하면서 손을 붙들고 살아갈 파트너가 있다는 것이 얼마나 커다란 행복인가. 난 여러분의 평생에 부부의 동행의 축복, 하나님 안에서의 부부의 동행, 이 축복이 평생 펼쳐지는 여러분과 저의 인생이 될 수 있기를 주님의 이름으로 축복한다.

조용히 머리 숙여 기도하시면서 세미나를 마무리하는 기도 시간입니다. 많은 것들을 나누었는데 중요한 것은 우리가 이제 돌아가서 부부가 함께 하는 삶의 현장에서 어떻게 살아갈 것인지 내 마음에 절실하게 다가온 한 가지라도 주님 앞에 올려놓고 주님 이렇게 살게 도와주세요. 정말 주님과 동행하며 살 수 있도록 도와주세요. 진짜 주님과 동행하는 인생을 위해 조용히 마음속에 정리하는 기도를 같이 드려보자.

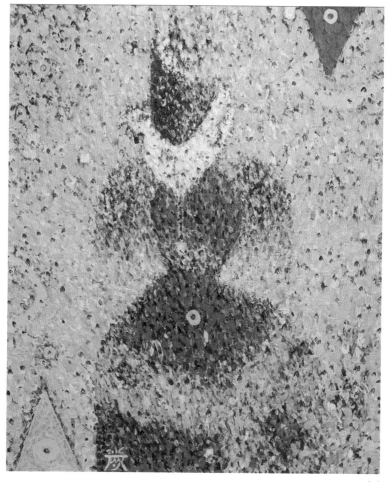

_____ 회심

천국가정 연습문제

Ⅰ | 창조적 대화 생활의 전제

1. 성인 아동의 극복

고린도전서 13:11

내가 어렸을 때에는 _____이 어린아이와 같고 _____이 어린
아이와 같고 _____이 어린아이와 같다가 _____ 사람이 되어
서는 어린아이의 일을 버렸노라.

2. 갈등의 신학 이해

◆ 예수 그리스도의 재림 이전에 살고 있는 구원 받았으나 아직도 불완전
한 성도에게 갈등은 피할 수 없는 현실입니다. 갈등은 삶의 한 부분이
나 갈등을 부인 하는 것은 우리로 하여금 갈등에서 회피하게 하는 것
입니다. 갈등의 창조적 이해와 수용은 우리의 대화 생활을 현실적으로
진전시킬 수 있는 첫 걸음입니다.

3. 일상적 스트레스의 관리

◆ 평균적으로 스트레스를 느끼는 부부는 그의 대화 생활의 57%가 적
극적인 언어들이었으나 정도 이상의 비정상적 스트레스를 받고 있
는 부부들은 오직 37%의 대화만이 적극적인 것들로 나타났습니
다.(Gottman, Natairus,Gonso and Markman,1976) 비정상적 스트레스에 시

달릴 때는 우선순위에 따른 업무의 조정, 기도, 적절한 휴식과 묵상으로 먼저 정상성을 회복하고 주변의 사람들과 대화를 시도해야 할 것입니다.

Ⅱ | 창조적 대화 생활의 방법

A. 비언어적 의사소통(Non-verbal Communication)

비언어적 요소	그릇된 반응	바람직한 반응
자세 (Posture)	뒤로 몸을 젖힌다. 목에 힘을 준다. 팔/다리를 어긋맞춘다.	
눈맞춤 (Eye-contact)	다른 방향을 쳐다본다. 다른 사람을 쳐다본다. 다른 일을 한다.	
얼굴표정 (Facial Exppression)	찡그린다. 심각하다. 의심스럽게 상대방을 바라본다.	
제스처 (Gesture)	움츠려 있다. 손가락질한다. 다리를 흔든다.	
목소리 (Voice-quality)	차갑다. 딱딱하다. 소리가 크다.	
접촉 (Touching)	거칠다. 피한다. 반응하지 않는다.	

◆ 배우자의 비언어적 의사소통의 문제점을 서로 지적하고 나누어 보십시오.

_____

_____

B. 효과적 의사소통

말하기	듣기
1. 상대방을 주목하고 천천히 말한다. 2. 감정 표현을 할 때 "당신 – 진술문"(You-messages) 대신에 "나 – 진술문"(I-messages)을 사용한다.	1. 상대방에게 집중하여 듣는다. 2. 분명하지 못한 부분에 대해 질문한다. (명료화) 3. 가끔 상대방의 중요한 얘기에 대해 반복한다. (동일시) ① 내용반복: ② 느낌반복: ③ 내용과 느낌 반복:
◆ 연습	◆ 연습

3.구체적으로 말한다. 4. 짧게 말한다. 5. 문제에 대해 말하고 사람에 대해 공격적으로 말하지 않는다.	4. 상대방의 말의 흐름을 끊지 않는다. 5. 쉽게 판단이나 결론을 대신 내리지 않는다.

◆ 부부 간의 의사소통 방법에 있어 교정되어야 할 부분에 대해서 대화하십시오.

_____

_____

C. 피해야 할 의사소통의 유형들

1. 이름짓기(Name-calling)

2. 비웃어 버리기(Putting-down)

3. 비난하기(Blaming)

4. 부인하기(Denying)

5. 방어하기(Defending)

6. 마음 읽기(Mind-reading)

7. 딴소리하기(Side-tracking)

8. 대신 말하기(Talking for others)

9. 체념 전달하기(Communicating hopelessness)

10. 침묵하기(not-answering)

◆ 우리 부부의 의사소통에서 일어나는 문제점을 두가지 씩만 자백하여 나누어 봅니다.

_____

_____

Ⅲ| 남편과 아내, 둘 다 이기는 가족싸움의 규칙

1. 시간을 잘 선택한다.
2. 차례로 균등한 시간만큼 애기한다.

   그 시간 동안은 _____상대방의 말을 경청한다.
3. 과거를 들추지 않는다.
4. 과장된 언어를 쓰지 않도록 유의한다.
5. 대화 중간에 동의 없이 대화를 중단하지 않는다.
6. 제3자를 대화에 끌어들이지 않는다.
7. 어떤 경우에도 인신공격이 아닌 문제 해결에 집중한다(#2).

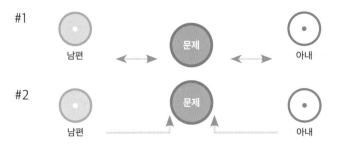

8. 서로의 과오에 대하여 관용(용서)한다.

9. 사랑의 행동으로 대화를 마무리한다.

10. 해결이 쉽지 않은 문제의 대화에서는 휴전을 제안한다.

Ⅳ| 부부의 영적 동행

1. 하나님과 삼각관계

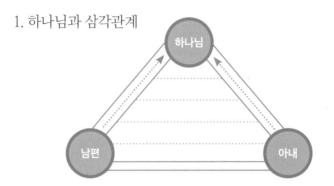

2. 하나님께 먼저 아뢰는 기도로 갈등을 해결하기

3. 부부가 함께 말씀과 기도로 교제하기

아모스3:3

두 사람이 뜻이 같지 않은데 어찌 동행하겠으며

가정을 위한 기도

이동원

가정은 부부를 연합하여 하나 되게 하사
허락하신 당신의 기업이오니
이 가정을 통해 하늘 아버지를 더 이해하고
신랑 되신 예수 섬김을 배우게 하소서

우리는 모두 태생적인 이기주의자들이라
나만 알고 당신을 모르는 자들이오니
이런 이기심을 벗고 이타심을 입어
참된 사랑을 여기서 배우게 하소서

서로가 서로를 섬김으로 천국을 이루어
가정이 주님의 작은 천국이 됨으로
천국을 증거하는 증거 마당이 되게 하사
가정을 통해 축복이 흘러가게 하옵소서.

기도의 병기

하오면, 가정 이루기를 꺼려하는 세대 향해

가정은 우리가 태어나는 이유이오며

삶을 살아내는 목적임을 알게 하사

작은 천국들이 모인 세상이 되게 하소서

주여, 가정을 생각하는 달을 맞이하여

부디 주를 아는 가정들을 축복하소서!

아내에게 드리는 편지

결혼 45년간 함께 순례 동반자가 되어 준 당신에게

45년의 세월이 흘렀습니다.

롱펠로우는 시간은 모래 위에 발자취를 남긴다고 …

그래 우리가 함께 남긴 발자취는 무엇일까요?

우리들의 기도, 눈물, 허우적거림 그리고 열망들

이 모든 것이 쌓아 올린 모래성의 궤적에

쓸 수 있는 단어 하나 … 〈함께 함(together)〉!

함께 기뻐하고, 함께 슬퍼하고, 함께 아파하고

그래도 함께 할 수 있는 당신이 곁에 있어

삶의 모든 것, 목회의 모든 것이 의미를 느낄 수 있었다오.

돌이켜 보면 많은 시간의 길에 회한이 남겨져 있었지만

그래도 당신과 함께 함으로 더 많은 감사가 있었다오.

부족한 날 품고 용납한 당신의 해맑은 미소 때문이었소 …

우린 얼마를 더 이 땅에 순례자로 머물 수 있을까?

둘 중에 누가 더 머물며 강 건너를 향해 먼저 잘 떠나라고 말할지?

그건 부질없는 인생의 걱정일진데 그분의 주권에 맡겨야 하겠지요.

다만 기도하옵기는 철없던 젊은 날보다 우리 실수를 줄이고

그래도 우리의 마무리가 〈finishing well〉이 되옵기를 빌 뿐이오.

하여, 남은 순례 길도 순례 가이드로 쓰임 받을 수 있기만을…

롱펠로우는 우리의 모래 발자취를 보고 그 자리에 도달한 누군가

새 용기를 얻을 수 있는 인생이기를 빌었다오 …

그 누군가가 목회의 후학일수도 아니 자식들 일수도 있겠지요.

그럼 그 때까지 다시 함께 함의 은총을 감사하며 순례를 이어갑시다.

천로역정의 마지막 조형물 〈크리스천과 소망〉처럼 말입니다.

지난 45년 내 곁을 지켜준 당신에게 감사와 사랑을 전하오.

그리고 또 다시 '함께 함(together)'을 갈망하면서 …

결혼 45주년 기념일을 서로 떨어져 보내야 하는 안타까운 밤에

당신의 남편이.

어머님께 드리는 편지

울 엄마, 울 어머니

그 아련한 어린 기억 속에

참으로 예쁘고 고왔던 엄마

친구들에게 자랑하고 싶었던 엄마

학교 들어가 집안이 기울어지며

자식들 먹이고 학교 보내고자

이 집, 저 집 빚 얻으러 다닌 부끄러운 엄마

좀 더 머리가 커가며

그래도 아버지를 탓하지 않고

그 곁에 머물며 가정을 끌어안은 엄마

더 이상 부끄럽지 않고 신기한 엄마

그런 엄마 안에 찾아온 예수님

그분을 찬양함으로 웃음을 되찾은 엄마

자식들 자리 잡기 시작하며

자식들을 자랑스러워하며

펴진 어깨에 힘들어간 으쓱 엄마

엄마 더도 말고 덜도 말고

100세 채우사 남은 삶 덤으로 즐기셔요.

그럼 나도 엄마 따라 100세 살고파…

엄마에게 주신 하늘 은혜, 나도 누리고파!

엄마 울 엄마, 어머니 울 어머니…

2021년 엄마 백세 생신을 앞두고

작은 아들 (고)이범 집사가
아버지 이동원 목사 70세 생신에 드린 편지

아버지! 드디어 70까지 사셨군요.

나의 트러블 메이킹으로 아버지는 이미 30세부터 흰머리가 있었기에 70

세까지 사실 것을 예상 못했습니다. 농담을 했지만, 진심으로 저는 아버

지의 아들이 된 것을 복 받았다고 생각합니다.

아버지는 내게 필요한 모든 사랑과 지원, 무엇보다 중요한 예수 그리스

도의 사랑을 주셨습니다. 내가 아빠가 되어 보니 어린 시절에 예수 그리

스도를 영접하는 것이 얼마나 중요한지를 알게 되었습니다.

모든 아이들에게는 롤 모델이 필요한데 당신은 바로 그런 분이셨습니다.

아버지는 나에게 경건하면서도 열정적이고, 성공적이면서도 행복한 삶

이 무엇인가를 보여 주셨습니다.

무엇보다 내가 인생의 방향을 잃고 누군가와 말하고 싶었을 때 언제나

제 곁에 있어 주셨습니다. 이 모든 것을 생각할 때 저는 이 땅에서 가장

행운을 타고 난 사람이라고 생각합니다.

나는 아버지가 목회에 성실하면서도 가족을 돌보는 것이 무엇보다 힘들

었음을 이해합니다. 특히 미국에서 한국으로 돌아온 이후가 그러셨을 것

입니다. 나는 아버지가 얼마나 가족과 시간을 보내고 싶어 하셨는지 그러나 그럴 수 없으셨던 것을 충분히 이해합니다.

나는 아버지가 이것 때문에 얼마나 가슴 아파하셨는지를 알고 있었고 그것 때문에 가정 사역에 실패감을 느끼셨을 것이라고 생각합니다.

그러나 아버지! 분명히 말씀드리자면 제 눈에는 아버지가 결코 가정 사역에 실패하지 않으셨습니다. 나는 아버지가 무엇보다 예수 그리스도와 교회에 바치신 헌신만으로도 위대한 아버지이셨음을 말씀드리고 싶습니다.

아버지! 아버지는 설교하신대로 사셨다는 것을 상기시켜 드리고 무엇보다 나의 롤 모델이 되어 주신 것 감사드립니다. 아버지는 나의 스승, 최고의 친구, 그리고 그리스도 안에 나의 형제이셨습니다. 그래서 이 특별한 날, 나는 아버지의 70세 생신을 진심으로 축하드리는 바입니다.

그리고 요즈음 사람들이 말하는 것처럼 70세가 인생의 반을 산 것에 불과하다면 아마도 아버지의 140세 생일 축하도 가능할지 모르겠습니다.

그때 내가 아버지에게 또 한 번의 이런 편지를 쓰게 될 것을 상상해 보십시오. 그리고 그때까지 아들들로 인해 받으실 트러블 메이킹도 각오해 두십시오. 아버지! 사랑합니다.

당신의 아들 범이 드림.

큰아들 이황 목사가
어머니, 우명자 사모께 어버이 날에
드리는 편지

어머니

아름다움, 착함, 그리고 진실 …

그의 모든 경이로움에 담겨진 하나님의 투영.

희망과 시련의 근원.

계곡 속으로 불어오는 고요한 아침의 산들 바람처럼 …

우리 영혼 달래고 우리에게 힘을 주어

우리로 한 걸음 더 나아가게 하여

한 날, 또 한 날을 살게 하나니.

아침 이슬 같은 어머니의 눈물

너무 소중하여 오직 깨어있는 자들만 알지니

어머니의 영혼의 심연은 …

마치 하나님처럼 신비로와

너무 소중하고 너무 희귀한 것.

인생이라 불리우는 광야를 순례하는 모든 어머니들에게

한 찬미를 올리오리니

부디 어머니여 평화를 찾으소서 …

정녕 당신은 인간의 모든 자녀들의 호흡임을 아소서.

그리고 당신은 포도나무

모든 경이로움 안에 담긴 그리스도의 이미지이시니.

모든 남편과 자녀들은

당신의 아름다움, 당신의 착함, 당신의 진실을 찬미할지라.

당신은 생명이시니.

항상 사랑합니다.

아들, **다니엘 황** 드림

Prayer for my father

(아들 이황의 아버지를 위한 기도문)

Father God

Thank you for bringing your son,

Dr, Dong won Lee into this community.

Thank you for all that you have done thru his life.

We ask that you continue to bless him

and use him to bring yourself to utmost glory.

We ask that you use him to communicate grace to all nations.

And we ask that help every one of your chidren

to thank God in every circumstances

that no matter what happens all things come

for the better for your glory.

Thank you for bringing the great pastor into this world

continue to fight for your kingdom and for your glory.

In your name we pray this.. Amen

아버지 하나님

당신의 아들 이동원 목사를 우리에게

보내주심을 감사드립니다.

그의 생애를 통해 이루신 모든 것을 인해 감사를 드립니다.

비옵기는 계속하여 그를 축복하시고

당신의 최상의 영광을 드러내는 일에 그를 사용하여 주소서.

모든 민족에게 은혜를 전달하는 일에 그를 사용하여 주옵소서.

그리하여 당신의 모든 자녀들을 도우사

모든 상황에서 하나님께 감사하게 하시고

무슨 일이 일어나든 협력하여

보다 나은 당신의 영광을 드러내게 하옵소서.

위대한 목자를 이 세상에 보내신 것을 감사하옵고

당신외 ㄴ나라와 당신익 영광을 위하여 잘 싸워가게 하옵소서.

당신의 이름으로 기도하옵나니... 아멘.

천국은 우리집 같아요

1판 1쇄 인쇄 | 2024년 3월 15일

지은이 | 이동원

펴낸이 | 엄정희
펴낸곳 | 도서출판 북쌔즈
편집 · 기획 | 엄정희
디자인 | 황지은

출판등록 | 제2017-000141호
등록번호 | 220-10-21520
주소 | 서울특별시 강남구 테헤란로 322, 1411-1417호(역삼동 한신인터벨리24)
전화 | 02- 559-6005
팩스 | 02- 3459-8005
이메일 | joungheeuhm@hanmail.net

ISBN | 979-11-962972-4-4   (03190)

「이 도서의 국립중앙도서관 출판예정도서목록(CIP)은 서지정보유통지원시스템
홈페이지(http://seoji.nl.go.kr)와 국가자료공동목록시스템(http://www.nl.go.
kr/kolisnet)에서 이용하실 수 있습니다.(CIP제어번호: CIP2018013650)」

※ 가격은 뒤표지에 있습니다.
※ 잘못된 책은 구입하신 서점에서 바꾸어 드립니다.